Bernhard Koch

Das Geheimnis des Zehnten

In der Kraft des göttlichen Bundes leben

ReformaZion

1. Auflage, März 2010
ISBN 978-3-938972-10-6

Printed in Germany

Bibelzitate mit der Angabe (EB) wurden der
Revidierten Elberfelder Bibel, R. Brockhaus Verlag Wuppertal, entnommen.
Bibelzitate mit der Angabe (LU) entstammen der
revidierten Lutherbibel, © 1985 Deutsche Bibelgesellschaft Stuttgart.

Inhalt

Vorwort

Bringt ein Mensch Gott den zehnten Teil seines Einkommens dar, gibt er den „Zehnten". Eventuell hast du schon einiges über das Geben des Zehnten gehört. Nun überlegst du, ob auch du ihn geben sollst, zumal es sich für dich lohnen könnte. Es stellt sich aber die Frage, ist der Zehnte nicht eine Pflichtübung aus dem Alten Testament und es somit gesetzlich, ihn zu geben?

Vielleicht sagt jemand, „Gott segnet mich auch, wenn ich den Zehnten nicht gebe. Ich bin doch sein Kind, und am Kreuz hat Jesus alles für mich vollbracht." – Oder du denkst: „Ich bin in Christus und er in mir, also muss ich keinen Zehnten mehr geben. Derjenige, dem der Zehnte gegeben wird, lebt in mir."

Was hat es mit dem Zehnten auf sich? Welche Rolle spielt er für uns Christen, die durch Jesus mit Gott in einem neuen Bund stehen? Ist er nur eine Art Steuer, die Gemeindemitgliedern auferlegt wird, damit alles bezahlt werden kann?

Erkenntnis ist Stückwerk. Immer wieder musste ich meine Ansichten korrigieren, auch in Hinblick auf das Zehntengeben. Vielleicht meinst du, über den „Zehnten" schon alles zu wissen. Aber auch dann ist es gut möglich, dass du beim Lesen über die tiefgreifende Bedeutung des Zehntengebens ins Staunen geraten wirst.

Der Zehnte gehört zu Gottes geheimnisvoller Ordnung, die ich erfassen und nach der ich handeln möchte. Was ich bislang über den Zehnten erkannt habe, hat mich völlig begeistert. Mit Freude habe ich deshalb das vorliegende Buch geschrieben. Allen Lesern wünsche ich neue und weitergehende Einblicke. Erfreut euch an den entdeckten Wahrheiten aus dem Wort Gottes.

Grundsätzlich sagt Gottes Wort über das Zehntengeben:

**„Alle Zehnten ... gehören dem HERRN
und sollen dem HERRN heilig sein."**
(3. Mose 27:30; LU)

1

Gottes Zehnter

In der Bibel wird an etlichen Stellen vom Geben des Zehnten gesprochen. Diese Passagen im Alten wie auch im Neuen Testament vermitteln tiefe Einsichten über die Zahl Zehn, den Zehnten und das Geben des Zehnten.

Die Zahl Zehn

Zahlen haben geheimnisvolle Bedeutungen. Sie stehen in größeren Zusammenhängen, als die meisten von uns ahnen; so auch die Zahl Zehn.

Bevor ich Einblicke über das Geben des Zehnten vermittle, möchte ich Gedanken in Bezug auf die Zahl Zehn weitergeben. Dabei erwähne ich einige Autoren, die sich intensiv mit Zahlen und deren Symbolik befasst haben.

So schreibt z.B. Gerd Heinz-Mohr in seiner Abhandlung, die Zehn stehe für den Charakter von Ordnung, Vollendung, Totalität und Absolutheit (vgl. Gerd Heinz-Mohr: Lexikon der Symbole; Diederichs Verlag, München 1971, S. 340).

Jürgen Werlitz gibt den Charakter der Zahl Zehn ähnlich wieder und benennt sie als die Zahl der Einheit. Gemäß seiner Einsicht spräche die Zahl Zehn von Einheit, Vollständigkeit und Abgeschlossenheit. Dies belegten z.B. unsere zehn Finger, die zehn Zehen, die zehn Gebote, das Musikinstrument mit den zehn Saiten, auf der David die Psalter sang, die zehn Plagen Ägyptens und der zehnte Tag nach Jesu Himmelfahrt, an dem der Heilige Geist auf die Erde kam. Werlitz teilt mit, in der Zehn sei alles enthalten. Sie sei die Zahl der Vollkommenheit und die Zahl über den Zahlen von eins bis neun (vgl. Jürgen Werlitz: Das Geheimnis der heiligen Zahlen; Pattloch Verlag München, 2000, S. 281-284).

In seinem Buch über die „Biblische Zahlensymbolik" schreibt Adolf Heller, die Zehn sei die Zahl der Verantwortlichkeit des Geschöpfes. Mit den zehn Geboten, in denen alle anderen Vorschriften Gottes enthalten seien, richte sich Gott an das Verantwortungsbewusstsein des Menschen.

Auch Heller sagt, die Zehn stelle Vollständigkeit dar, und schreibt darüber hinaus, diese Zahl mache den Menschen verantwortlich für das ihm von Gott überreichte Gut. So stehe der Zehnte gewissermaßen für das vom Höchsten anvertraute Ganze. Die Zehn sei aber auch die Zahl der Fülle Gottes und der Nationen.

Gemäß der von Heller aufgezeigten Einsicht können wir bereits folgern, der Zehnte gehört Gott. Mit ihm bezeugen wir, dass wir Gottes sind. In Jesus Christus gehören wir und unser gesamter Besitz dem Höchsten. Der Zehnte steht für das Ganze. Wer Gott den Zehnten gibt, gibt Gott das Ganze – sich selbst und alles, was er hat.

Heller unterstreicht, die Zahl Zehn und der Zehnte sollten uns daran erinnern, Gott macht uns Menschen für alles, was er uns zur Verwendung anvertraut hat, verantwortlich (vgl. Adolf Heller: Biblische Zahlensymbolik; Paulus Verlag, Stuttgart 1951, S. 46-51).

In seinem Buch „Prophetische Bildersprache" schreibt Heinrich Langenberg über die Zehn, der hebräische Wortstamm dieser Zahl sei „äsär" und meine „vollenden", „sammeln" und „abschließen". Deshalb sei die Zehn die Zahl der Vollendung und des Abschlusses des richtigen menschlichen Handelns.

Zusammenfassend sagt Langenberg über die Zehn, sie sei die Zahl der Gesamtheit menschlicher Möglichkeit, des Menschlichen in voller Entfaltung. Dagegen sei die Sieben die Zahl der Möglichkeiten und der Vollkommenheit Gottes, des Göttlichen in voller Entfaltung.

„Die Zehn ist die Grundzahl der Struktur des Heiligtums ... Sobald es sich um die Gemeinde als einen von Menschen ... verwalteten Körper handelt, herrscht die Zehnzahl vor, erscheint aber die Gemeinde in Beziehung zur Schöpfung oder Neuschöpfung, so herrscht die Siebenzahl vor." (Heinrich Langenberg: Die prophetische Bildsprache der Apokalypse; Verlag Ernst Franz, Metzingen, 1. Auflage, S. 211)

Langenberg nimmt Bezug auf die zehn Jungfrauen und die Botschaften Jesu an die sieben Gemeinden in der Offenbarung des Johannes und erläutert, sie stellten beide die Gesamtgemeinde dar. Die Zehnzahl stehe im Zusammenhang mit der Verantwortung des Christen; die Sieben dagegen werde verwendet, wenn Gottes Herrschaft in der Gemeinde zur Geltung gelange.

Weiter teilt Langenberg hinsichtlich des Zehnten mit, alles Einkommen der Menschen gehöre Gott, solle aber nur mit dessen zehnten Teil dargebracht werden (Langenberg; ebd., S. 211+212).

Schon durch die oben angeführten Autoren und deren Gedanken über die Zahl Zehn und den Zehnten wird deutlich, in Wirklichkeit gehört alles, was wir unser eigen nennen, Gott.

1.1. Noah – der erste Zehnte

Gott schuf Adam; und Adam war Gottes (vgl. Lukas 3:38).

Adam war der Erste, von Gott gegeben. Der Zehnte, der als Nachkomme Adams aus der Linie Seths hervorkam und mit dem Gott Besonderes vor hatte, war Noah.

Die Bibel zeigt die Abfolge der Nachkommenschaft von Adam über Seth, Enosch, Kenan, Mahalalel, Jered, Henoch, Metuschelach und Lamech bis zu Noah (1. Mose 5:3-29).

Noah war der Zehnte Gottes. Oder anders gesagt: Er war Gottes Zehnter.

Gott gab den Ersten, aber auch den Zehnten, mit welchem er einen Übergang von der alten in die neue Welt schuf. Mit dem Zehnten kommt immer etwas zum völligen Abschluss, damit Neues beginnen kann. Mit Noah, dem Zehnten, wurde die alte Erde und ihre vorsintflutliche Zeit beendet. Mit ihm und seiner Familie startete Gott eine neue Epoche auf der neu gestalteten Erde.

Noah fand beim Allmächtigen Gnade. Mit Noah überlebte das Geschlecht Adams die Wasser, welche während dieser Zeit die ganze Erde fluteten. Noah war des Schöpfers Zehnter. Er gehörte ihm, weil der Zehnte Gott gehört. Gott achtet auf seinen Zehnten. Deshalb konnte Noah mit seiner Familie durch die Wasser der Sintflut in die neue Welt gelangen, die der Höchste unter den Wassern kreiert hatte. – Der Herr rettet die Seinen vor Katastrophen.

Nachdem die Wasser abgelaufen waren, landete Noahs Arche wieder auf dem Trockenen. Wenn auch die Teilung der Erde in Kontinente erst einige Zeit später zur Lebenszeit Ebers geschah (vgl. 1. Mose 10:25), war die Erde jedoch nicht mehr die alte. Unter den Wassern hatte Gott begonnen, eine neue Erde zu schaffen, die unter neuen Naturgesetzen und Ordnungen steht.

Eine dieser neuen Ordnungen ist z.B. die von Sommer und Winter (vgl. 1. Mose 8:22). Sehr wahrscheinlich brachte unser Schöpfer während der Sintflut die Erde in die heute vorhandene Schräglage zur Sonne, so dass die Jahreszeiten entstehen konnten. Dieser Umstand kann auch daraus gefolgert werden, dass es bis zum „großen Regen" auf Erden nicht geregnet hatte. Täglich stieg ein Nebel auf, der die Erde befeuchtete, damit sie Frucht bringen konnte (vgl. 1. Mose 2:5-8). Nach der Sintflut begann die Zeit des immer wiederkehrenden Regens, um die Erde zu tränken.

Noah – die Ruhe Gottes

Der Name „Noah" bedeutet im hebräischen Wortsinn „Ruhe". Der Hebräerbrief lehrt uns, für die an Jesus Christus Gläubigen ist eine Ruhe vorhanden, in die sie hineingelangen sollen (vgl. Hebräer

3:7-19; 4:1-13). Erst in dieser Ruhe findet der Mensch wahres Glück. Aufgrund von Unglauben und dem daraus resultierenden Ungehorsam gegenüber Gottes Wort sind die meisten Christen bisher nicht völlig in diese Ruhe gelangt. Sie haben mit ihrem alten Leben nicht vollends abgeschlossen, verleugnen sich nicht selbst und nehmen ihr Kreuz nicht auf sich. Daher können sie „die neue Welt", die göttliche Ruhe, nur teilweise betreten.

Die Ruhe ist Gottes Zehnter an uns. Unsere Seele wird erst zu wahrer Ruhe gelangen, wenn wir den eigentlichen „Zehnten", Jesus Christus, in uns aufgenommen haben.

Der eigentliche Zehnte Gottes

Jesus Christus ist der Erste und der Letzte (vgl. Offenbarung 22:13). Er ist die Nummer Eins der Zahlenfolge bis Zehn, doch er ist auch die Zehn. Im Verlauf des Buches werde ich schrittweise darlegen, weshalb Jesus Christus der wahre Zehnte ist, für den Noah ein Schattenbild war.

Jesus ist Gottes Zehnter an die Menschen. Er ist der letzte Adam (vgl. 1. Korinther 15:45), welcher von der zum Tode verurteilten, alten Welt in die neue übergegangen ist – und deswegen auch der eigentliche Noah. Im Glauben sehen wir uns als mit dem letzten Adam gekreuzigt (vgl. Galater 2:19). In ihm sind wir von den Toten auferstanden und in das Reich Gottes übergegangen. Nun wandeln wir wie er in der Neuheit des Lebens (vgl. Römer 6:4).

Noah – aus Glauben gerecht

Als wir Jesus Christus in unser Leben aufnahmen, wurden wir in ihn hineinversetzt. Jetzt sind wir in Christus, und er ist in uns (vgl. Johannes 15:4). In ihm sind wir all das, was er in uns ist – so auch Gottes Gerechtigkeit (vgl. 2. Korinther 5:21).

Noah glaubte Gott und tat, was der ihm auftrug: er baute die Arche. Der durch diese Tat zum Ausdruck gebrachte Glaube wurde ihm zur Gerechtigkeit gerechnet (vgl. Hebräer 11:7) und verschaffte ihm Eingang in die neue Welt. Glauben wir Christen der Stimme Gottes heute so wie Noah, leben wir in der Glaubensgerechtigkeit Christi, die sich durch Taten in der Nachfolge Jesu zeigen wird. Dieser Glaubensgehorsam führt unsere Seele aus beunruhigenden Umständen heraus, hinein in die Ruhe des Reiches Gottes. Wie Noah die Arche betrat, müssen wir in Jesus Christus eingehen, damit auch unsere Seele in das neue Leben gelangt.

Wer Gerechtigkeit wirkt, befindet sich auf dem Weg in die Ruhe Gottes. Er handelt nicht in eigener Stärke, sondern geht in der Kraft des Glaubens an Gottes Wort.

Tor zur neuen Welt

„Durch den Glauben hat Noah Gott geehrt und die Arche gebaut zur Rettung seines Hauses, als er ein göttliches Wort empfing über das, was man noch nicht sah; durch den Glauben sprach er der Welt das Urteil und hat ererbt die Gerechtigkeit, die durch den Glauben kommt." (Hebräer 11:7; LU)

Noah glaubte Gott und folgte dessen Anweisungen. Er baute das Schiff, mit welchem er, seine Familie und die mit aufgenommenen Tiere in die neue Welt gelangten. Sein Schiff war der „Eingang" zur neu gestalteten Erde mit ihren neuen Gesetzmäßigkeiten.

Die Arche ist ein Bild für die Gemeinde Jesu Christi: ein Schiff, welches Jesus zur Zeit noch baut (vgl. Matthäus 16:18). In ihm gelangen alle lebendigen Christen in den Himmel.

Noah baute die Arche mit seinen Kräften und von seinem Kapital. Der Zehnte Gottes verwendete sich selbst und seinen Besitz, um seine Familie und die Tiere zu retten. So gibt auch Jesus, der wahre Noah, sein Leben und sein Eigentum für den Bau des rettenden Schiffes.

Da die Arche ein Bild für die Gemeinde Jesu ist, können wir an ihr nun Gottes Auftrag für uns erkennen, die wir das Wort der Errettung angenommen haben. So wie Noah sich selbst und sein ganzes Gut zum Bau des Schiffes gab, mit welchem er in die neue Welt gelangte, baut nun Jesus durch uns als seinen Leib auf Erden und mit unserem ganzen Besitz die Gemeinde. Sie ist das Schiff, in welchem wir dem Herrn in der Luft entgegenkommen werden (vgl. 1. Thessalonicher 4:15-17).

Nur wer überwindet und sein Leben Jesus ganz zur Verfügung stellt, wird bei der Entrückung der Gemeinde mit dabei sein. Der Zehnte repräsentiert unser gesamtes Leben, und so gehört seine Entrichtung zu dem Prozess, in die „neue Welt" zu gelangen.

Der Segen des großen Regens

Der Zehnte öffnet die Himmelsfenster, durch die Gott seinen Segen in Fülle auf die Erde geben will (vgl. Maleachi 3:10). Gottes Ruhe, Jesus Christus, ist dieser Zehnte; er hat den Himmel für uns geöffnet. Gott der Vater gab seinen Sohn, damit himmlischer Segen im Übermaß auf uns fallen kann.

Als Zehnter Gottes öffnete Noah durch seinen Glauben und Gehorsam die Fenster des natürlichen Himmels, aus denen sich dann die Wasser im Übermaß auf die Erde ergossen. Für all jene, die der Ankündigung Gottes nicht glaubten und sich deshalb kein Schiff bauten, wurde der geöffnete Himmel zum Verhängnis; sie starben unter dem herabkommenden „Segen".

Noah hingegen gelangte verborgen in der Arche auf die neue Erde. Für ihn wurden die Wasser zum Segen, weil er nach Gottes Anweisung gehandelt hatte. Es waren die Wasser, welche ihn, seine Familie und die Tiere sicher in die neue Welt brachten, die Gott unter dem Meer bereitete. Ohne den „Segen" der Fluten hätte es keine neu gestaltete Welt geben können. Eine derart gewaltige Umbildung der

Erde ohne solch einen Wasser-Puffer hätte zerstörerische Reaktionen im gesamten Planetensystem hervorgerufen.

Die Wasser brachten nicht nur Tod, sondern auch die Umgebung für das neue Leben. – Paulus schreibt:

„Wir wissen aber, dass denen, die Gott lieben, alle Dinge zum Besten dienen, denen, die nach seinem Ratschluss berufen sind."
(Römer 8:28; LU)

Schon in der Begebenheit um Noah können wir dieses göttliche Prinzip erkennen: Für jene, die Gott glauben und tun, was er sagt, wird der geöffnete Himmel zum Segen; für alle anderen, die Gott nicht glauben und deshalb auch nicht tun, was er sagt, wird dieser zum Fluch.

Die Flut der Erkenntnis Christi

Gottes Zehnter, Noah, öffnete die Fenster des natürlichen Himmels. Jesus Christus hingegen, Gottes ursprünglicher Zehnter, öffnete den übernatürlichen Himmel – für alle, die an seinen Namen glauben. Sie dürfen alles, was sie zum Leben und göttlichen Wandel benötigen, aus dem Himmel nehmen (vgl. 2. Petrus 1:3+4). Ohne eigene Mühe gelangt Versorgung zu den Glaubenden und Segen wird auf sie geschüttet. Im Übermaß stellt Gott ihnen zur Verfügung, was zum Bau der Gemeinde erforderlich ist.

Der Zehnte ist Gottes. Er weist daraufhin, dass alles Gott gehört. So gab der „Zehnte", Noah, seine Güter und sich selbst, um die Arche zu bauen. Seine Glaubenstat führte ihn durch das Wasser auf die neue Erde. Für jene aber, die nicht im Bund des Zehnten standen, wurden die Wasserfluten zum Fluch. Sie gelangten nicht in Gottes neue Welt, sondern ertranken in den „Segensfluten".

So wie die Wasser über die alte Erde fluteten, wird sich eine gewaltige geistliche Welle des Segens über unsere heutige Erde ergießen. Schon Jesaja prophezeite:

„Denn das Land wird voll Erkenntnis des HERRN sein, wie Wasser das Meer bedeckt." (Jesaja 11:9, LU)

Die Glaubenden werden mit Erkenntnis Gottes erfüllt und mit ihr die Erde wie eine Flut bedecken. In dieser Erkenntnis werden sie handeln und überreich gesegnet sein. Jene aber, welche das Rettungswerk Jesu nicht annehmen wollen, werden in den „Wassern" der herannahenden Erkenntnis des Herrn umkommen. Im Geist der Gegenwart Christi werden sie nicht atmen können; denn nur Geist, aus Gott geboren, kann im Geist Gottes leben. Die Erkenntnis Gottes wird so die Erde bedecken, wie die natürlichen Wasser der Sintflut vor Jahrtausenden es taten.

Was vom Fleisch geboren ist, das ist Fleisch; was vom Geist geboren ist, das ist Geist (vgl. Johannes 3:6). Allein, wer göttlichen Geschlechtes ist, kann das Reich Gottes sehen und in der Erkenntnis Christi leben. Damit möglichst viele Menschen Geist werden, besteht unser Auftrag darin, ihnen das Evangelium zu verkündigen.

Die Menschen müssen hören, dass sie zu ihrer Errettung nur zu glauben brauchen, was Jesus für sie getan hat. Gottes Wort sagt, wer glaubt, dass Jesus der Christus (der Gesalbte) ist, der ist von Gott geboren und somit Geist aus Gottes Geist geworden (vgl. 1. Johannes 5:1). Für alle, die an den Namen Jesus glauben, ist das „Wasser der Erkenntnis Christi" bereits zum Lebensraum geworden.

Jesus Christus, Gottes Zehnter, setzte am Kreuz für uns den Segen der Erkenntnis Gottes frei. Dort öffnete er den Himmel und seine Fenster, damit Segen auf die Erde geschüttet werden kann.

Wer nun Jesus Christus in sein Leben aufnimmt, wird fähig, Gottes Erkenntnis zu empfangen und in ihr zu leben. Gibt er dann von seinen Einkünften den Zehnten, wie Gott ihn uns mit Jesus Christus gab, trägt er dazu bei, den Segen der Erkenntnis Gottes auf Erden zu vervielfachen.

Eine neue Rasse

Nachdem Gott mit seinem Zehnten, Noah, die vorsintflutliche Welt beendete, startete er mit ihm auf der neu gestalteten Erde eine neue menschliche Gesellschaft. Ähnliches tat er auch durch seinen Zehnten Jesus Christus. Mit ihm beendete er die Ära der Herrschaft des Geistes dieser Welt und etablierte eine neue menschliche Rasse – die Gemeinde.

Als Jesus für uns stellvertretend am Kreuz starb, nahm er unseren alten, fleischlichen Menschen mit in den Tod. In der Auferstehung Jesu wird der Glaubende zu einer neuen Schöpfung – zu einem Geist, der lebendig macht (vgl. 1. Korinther 15:45). Diese neue Rasse, wie Jesus aus dem Geist Gottes geboren, besteht aus Gott-Menschen.

Durch Christi Tod zerstörte Gott die Herrschaft Satans und mit ihr das System der alten Welt. Zehn Tage nach Christi Himmelfahrt sandte er den Heiligen Geist, um durch dessen Wirken mit allen aus Gott Geborenen sein Königreich auf Erden zu errichten. – Das Alte ist vergangen, siehe, Neues ist geworden (vgl. 2. Korinther 5:17).

1.2. Abraham – der zweite Zehnte

Adam war Gottes Erster. Sein Zehnter war Noah. Der nächste Zehnte, den Gott sich erwählte, war Abram, welcher später Abraham heißen sollte.

Abram kam aus der Nachkommenschaft Sems, des Sohnes Noahs hervor. Noahs Nachfahren aus der Linie Sems waren: Arpachschad, Schelach, Eber, Peleg, Regu, Serug, Nahor und Terach, der Vater Abrams (vgl. 1. Mose 11:10-26).

Als Zehnter gehörte Noah Gott. Deswegen wurde Noah zum neuen Ausgangspunkt Gottes. So war auch der Zehnte Noahs, Abraham, ein Zehnter Gottes.

Abraham war Gottes zweite Zehntengabe an die Menschen. Auch mit ihm beendete Gott eine Ära und begann etwas Neues. Mit Noah entstand eine neue menschliche Gesellschaft, mit Abraham kam ein neues menschliches Geschlecht hervor. Und mit Jesus Christus, Gottes dritter Zehntengabe in der Geschichte der Menschheit, zeugte der Höchste eine neue menschliche Rasse göttlichen Ursprungs.

Abraham wurde zum Stammvater Israels, aber auch zum Ursprung der Glaubenden an Jesus Christus. Bevor Gott Abraham jedoch Nachkommen gab, schloss er einen Bund mit ihm: der eine würde für den anderen mit seinem ganzen Sein eintreten. Dieser Bund wurde von Gottes Seite mit Brot und Wein besiegelt, dargereicht durch den König und Priester Melchisedek. Abraham hingegen bestätigte den Bund seinerseits mit dem Zehnten an Melchisedek.

„Aber Melchisedek, der König von Salem, trug Brot und Wein heraus ... und segnete ihn ... und Abram gab ihm den Zehnten von allem." (1. Mose 14:17-20; LU)

Brot und Wein zeigten Abraham, Gott gibt sich ihm, mit allem, was er hat. Und der Zehnte sagte dem Höchsten, Abraham wollte nicht mehr sich selbst gehören, sondern ganz ihm, dem Allmächtigen. Beide, Gott und Abraham, besiegelten diesen Bund mit einem Zeichen und versicherten einander: „Was mein ist, ist dein. Ich gehöre dir. Ich stehe für dich ein, und du stehst für mich ein."

Abrahams Nachkommen – Zehnte und Zehntengeber

Abraham war nicht nur der zehnte Nachfahre Noahs. Weil er sich als Same schon in Noah befand, war er mit ihm auch Gottes Zehnter. Als solcher gehörte er dem Herrn.

Wir sehen also, Abraham war sowohl Zehnter als auch Zehntengeber. Dies gilt auch für seine Kinder, die ihm noch geboren werden sollten – sowohl für seine Kinder nach dem Fleisch, als auch für die nach dem Geist. Abrahams Kinder sind Zehntenkinder. Um Gottes Bund mit Abraham für sich selbst zu bestätigen, mussten auch die Kinder Abrahams den Zehnten geben; denn wie Abraham sollten sie ebenso den verheißenen Segen empfangen.

Die Israeliten sind Abrahams Geschlecht nach dem Fleisch; jene aber, die dem Sohn Gottes angehören, sind Abrahams Kinder nach dem Geist. – Jesus Christus, durch den Abraham Nachkommen nach dem Geist empfing, ist beides, sowohl Abrahams Nachfahre nach dem Fleisch, als auch nach dem Geist.

Gott der Heilige Geist zeugte Jesus in Maria hinein. So ist er Gottes Nachfahre nach dem Geist, aber auch Abrahams Nachkomme nach dem Fleisch. Geist zeugte in Fleisch hinein, und der ewige Sohn Gottes wurde Mensch in der Nachkommenschaft Abrahams. – Gott, der Geist ist, wurde Fleisch, damit alle Menschen, die Fleisch sind, Geist werden können.

Jeder, der Jesus Christus als seinen Herrn und König annimmt und an ihn als den Gesalbten Gottes glaubt (vgl. 1. Johannes 5:1), wird vom Heiligen Geist gezeugt – Jude wie Heide. Durch die neue Geburt ist er, so wie Gott, Geist. Ein an Jesus Gläubiger ist Kind Gottes und Nachkomme Abrahams nach dem Geist geworden.

Den Nachfahren Abrahams nach dem Geist gelten die Verheißungen Gottes, denn sie glauben Jesus Christus, dem diese Zusagen gegeben wurden. Gottes Wort spricht in bezug zu den Verheißungen nicht von den Nachkommen Abrahams in der Mehrzahl, sondern nur von dem Nachkommen (Einzahl), welcher Jesus Christus ist (vgl. Galater 3:16, in bezug zu 1. Mose 22:18).

Alle Verheißungen an Abraham gelten im Grunde Jesus Christus. Und jeder, der an diesen Namen glaubt, wird in ihm durch die Geburt aus Gottes Geist Teilhaber dieser Zusagen. Wer glaubt, dass Jesus der Christus ist, wurde von Gott geboren; wie Jesus ist er ein Sohn Gottes.

Kinder Abrahams nach dem Geist leben in Jesus, wie dieser in Gott dem Vater lebt. Also leben sie mit Jesus im Vater. Es lebt aber auch der Vater in Jesus und ebenso in den Söhnen Gottes (vgl. Johannes

15:4; 17:21-23). Diese haben in Christus Anteil an allem, was Gott Abraham zugesagt hat.

Als Christen treten wir durch Jesus in den Bund Gottes mit Abraham ein. Jesus richtete keinen völlig neuen Bund auf. Durch den Glauben sind wir als Kinder Abrahams in den schon bestehenden Ölbaum eingepfropft worden (vgl. Römer 11) – nicht in den Bund des Gesetzes, den Gott mit Israel am Sinai schloss, wohl aber in seinen Bund mit Abraham.

„Die aus dem Glauben sind, das sind Abrahams Kinder."

(Galater 3:7; LU)

Durch den Glauben sind wir Abrahams geistliche Nachfahren. Geistliche Menschen sind Menschen des Glaubens. Ohne Glauben kann niemand ein geistlicher Mensch sein.

Kinder verhalten sich so wie ihr Vater. Abraham gab Gott den Zehnten. Also geben auch seine Kinder den Zehnten.

1.3. Am Kreuz

Die lateinische Zahl X (Zehn) ist ein Symbol des Kreuzes. Der Zehnte symbolisiert das Ganze. Am Kreuz gab uns Gott seinen Sohn Jesus Christus als Ganzopfer. Er starb dort stellvertretend für uns, um uns ganzheitlich vom Bösen zu erlösen und mit dem Vater zu versöhnen.

Jesus Christus ist Gottes Zehnter. Mit ihm gab Gott uns alles, was ihm gehört. Am Kreuz sagt uns Jesus: „Ich gebe für euch mein Leben. Der Vater und ich, wir gehören euch – mit unserem gesamten Besitz."

Wie antworten wir auf dieses Angebot? Wie soll unsere Reaktion auf seine Hingabe aussehen? Doch wohl nicht anders als so: Wir nehmen sein Opfer dankend an und ihn in unser Leben auf. Anschließend empfangen wir in der Gemeinschaft der Gläubigen das Abendmahl – Jesu Fleisch und Blut. Das Abendmahl ist Gottes Zehnter, gegeben als Brot und Wein. Bei der Annahme Jesu allein sollte es aber nicht bleiben. So wie Jesus uns sein Leben mit allem, was er besitzt, gegeben hat, müssen auch wir ihm unser Leben und unseren Besitz geben. Dies geschieht mit dem Zehnten.

Erinnern wir uns: Die Zahl Zehn steht für das Ganze. Deshalb wird jeder, der Jesus sein Leben gibt, mit dem Zehnten belegt. Mit dem Zehnten beglaubigen wir, dass wir tatsächlich Gottes Eigentum sind. Wer Jesus nicht nur empfangen, sondern ihm auch das eigene Leben gegeben hat, steht mit Gott im Bund, genauso wie sich Gott durch das Abendmahl mit ihm im Bund befindet. Bündnispartner Gottes sagen mit dem Geben des Zehnten, wie Abraham es tat: „Gott, ich gehöre dir, und alles, was mein ist, ist dein!"

Haben wir unser Leben Jesus Christus anvertraut und dies mit dem Geben des Zehnten bestätigt, befinden wir uns im Bund Gottes mit Abraham. Dann leben wir als das, was wir geworden sind: Abrahams Kinder.

Der Zehnte steht immer für das Ende eines Zeitalters, eines menschlichen Geschlechtes oder das Leben eines einzelnen Menschen. Gleichzeitig steht er aber auch für den jeweiligen Neuanfang. Gottes Zehnter (Jesus Christus) beendete am Kreuz (X) unser altes Leben und schenkte uns durch die Auferstehung von den Toten ein neues. Paulus schreibt:

„Ich bin mit Christus gestorben." (vgl. Galater 2:19)

Dann gab er an, nicht im Tod geblieben zu sein:

„Ich lebe; denn ich bin mit Christus von den Toten auferstanden."
(vgl. Galater 2:20)

Durch Glauben starben wir mit Christus am Kreuz; und durch Glauben sind wir mit ihm von den Toten auferstanden. Mit dem Zehnten Gottes endete unser altes Leben unter der Knechtschaft des Todes, und mit ihm beginnt ein neues – in wahrer Freiheit.

2

Der Zehnte im Alten und Neuen Testament

Das Zehntengeben finden wir in der Bibel erstmalig bei der Begegnung von Abraham und Melchisedek, etwa 2100 vor Christus. Das mosaische Gesetz, in welchem Gott das Geben des Zehnten verfügt, wurde den Nachkommen Abrahams erst Jahrhunderte später auferlegt.

Somit wird deutlich, das Geben des Zehnten war schon vor Inkrafttreten des mosaischen Gesetzes üblich. Das bezeugt die Geschichte Abrahams, der einige Jahrhunderte vorher lebte. Bis zu der Zeit der Aufrichtung des Gesetzes gaben die Israeliten Gott den Zehnten aus Glauben, erst danach aus Gesetz. Wir erkennen: Das Zehntengeben hat seine Wurzeln nicht im Gesetz, sondern im Glauben.

2.1. Abraham und der Zehnte

Direkt vor der ersten Erwähnung des Zehntengebens begegnete Melchisedek Abraham mit Brot und Wein und segnete ihn. Dies geschah, nachdem Abraham siegreich aus der Schlacht gegen einen hoch überlegenen Gegner zurückgekehrt war:

„Aber Melchisedek, der König von Salem, trug Brot und Wein heraus. Und er war ein Priester Gottes des Höchsten und segnete ihn und sprach: ‚Gesegnet seist du, Abram (Abraham), vom höchsten Gott, der Himmel und Erde geschaffen hat; und gelobt sei Gott der Höchste, der deine Feinde in deine Hand gegeben hat.‘ Und Abram (Abraham) gab ihm den Zehnten von allem."

(1. Mose 14:17-20; LU)

2.2. Jakob und der Zehnte

Die nächste Nennung des Zehntens finden wir in der Geschichte von Abrahams Enkel Jakob. Dieser hatte auf dem Weg nach Haran zu seinem Onkel Laban eine Begegnung mit dem Gott seiner Väter. Völlig beeindruckt vom Allmächtigen, den er im Traum gesehen und zu sich sprechen gehört hatte, versprach er diesem:

„... von allem, was du mir gibst, will ich dir den Zehnten geben."
(1. Mose 28:22; LU)

2.3. Der Zehnte und das mosaische Gesetz

Dann wird der Zehnte erst wieder im mosaischen Gesetz erwähnt. Dieses Gesetz legte ihn als Abgabe für Gott fest. Der Zehnte wurde nicht mehr als reine Glaubenshandlung dargereicht. Gesetzlich geregelt mussten die Israeliten ihn von all ihrem Einkommen den Leviten geben, die an der Stiftshütte dienten (vgl. 4. Mose 18:21). Die Leviten wiederum sollten diese Gabe dem Hohepriester Aaron, seiner Familie und deren Nachkommen verzehnten. Das waren die Priester, die in der Stiftshütte dienten (vgl. 4. Mose 18:25-32).

2.4. Der Zehnte zur Zeit der Könige, der Propheten und nach der babylonischen Gefangenschaft

In den Büchern über die Könige Israels, in den Propheten und in den Berichten nach der babylonischen Gefangenschaft über die Wiederherstellung Jerusalems finden wir Schriftstellen über das gesetzliche Geben des Zehnten. Unter anderem heißt es z.B. zu der Zeit, als Hiskia König über Juda und Jerusalem war und geboten hatte, den Zehnten zu geben:

„Und als das Wort bekannt wurde, brachten die Söhne Israel reichlich Erstlingsgaben vom Getreide, Most und Öl und Honig

und von allem Ertrag des Feldes; und den Zehnten von allem brachten sie in Menge. Und die Söhne Israel und Juda, die in den Städten Judas wohnten, brachten ebenfalls den Zehnten von Rindern und Schafen und den Zehnten von den heiligen Gaben, die dem HERRN, ihrem Gott, geheiligt waren, und sie legten Haufen an Haufen hin." (2. Chronik 31:5+6, EB)

Als Juda und Jerusalem dem Gebot des Königs nachkamen, erfuhren sie Gottes Segen. Sie aßen, wurden satt, und es blieb noch viel von dem übrig, was Gott ihnen an Nahrung gegeben hatte (vgl. 2. Chronik 31:10).

Nach dieser Zeit wurde das Geben des Zehnten wieder vernachlässigt. Der Zehnte wurde einfach nicht mehr gegeben, obwohl Juda und Jerusalem zuvor gesehen hatten, welchen Segen das Zehntengeben bewirkte. Noch einmal wollte Gott dieses Volk zur Umkehr bewegen, um es vor der babylonischen Gefangenschaft zu bewahren. Durch den Propheten sprach er:

„Bringt den ganzen Zehnten in das Vorratshaus, damit Nahrung in meinem Haus ist ..." (Maleachi 3 10; EB)

Doch zu dieser Zeit hörten die Juden schon nicht mehr auf Gottes Reden. Deshalb wurden sie in die Gefangenschaft geführt. Nach der Rückkehr in ihr Land wurden sie erneut über das Zehntengeben belehrt. Nehemia sprach:

„Denn sie, die Leviten, sind es, die den Zehnten erheben sollen in allen Städten unseres Ackerbaus. Und der Priester, der Sohn Aarons, soll bei den Leviten sein, wenn die Leviten den Zehnten erheben. Und die Leviten sollen den Zehnten vom Zehnten zum Haus unseres Gottes hinaufbringen, in die Zellen des Schatzhauses."
(Nehemia 10:38+39; EB)

2.5. Jesus Christus und der Zehnte

Auch Gottes Sohn erwähnte den Zehnten und sagte, dieser solle gegeben werden. Allerdings wies er die Pharisäer zurecht, die sich ihres Gebens rühmten und über die erhoben, welche ihrer religiösen Kaste nicht angehörten und keinen Zehnten gaben. Im Gleichnis vom Pharisäer und dem Zöllner, die sich beide im Tempel aufhielten und zu Gott sprachen, sagte der Pharisäer:

„Ich danke dir, Gott, dass ich nicht bin wie die anderen Leute, Räuber, Betrüger, Ehebrecher oder auch wie dieser Zöllner. Ich faste zweimal in der Woche und gebe den Zehnten von allem, was ich einnehme." (Lukas 18:11+12; LU)

Der Zöllner hielt sich im Tempel von den anderen fern. Er wagte nicht, den Blick zum Himmel zu heben. Schuldbewusst schlug er sich an die Brust und sprach:

„Gott, sei mir Sünder gnädig!" (Lukas 18:13; LU)

Jesus sagte, welcher der beiden von Gott gerechtfertigt worden war und welcher nicht:

„Dieser (Zöllner) **ging gerechtfertigt hinab in sein Haus, nicht jener** (Pharisäer)**."** (Lukas 18:14; LU)

Dieses Gleichnis darf nicht etwa so gedeutet werden, als hätte Jesus gegen den Zehnten Stellung bezogen. Im Gegenteil! Was er den Pharisäern und auch seinen Jüngern vermitteln wollte, war, sie sollten sich des Zehntengebens nicht rühmen. Der Zehnte gehört Gott ohnehin und stellt für den Gebenden weder ein Opfer dar, noch eine gute Tat, für die er gelobt werden könnte.

Gerechtfertigt aus Glauben

Bei einer anderen Gelegenheit sprach Jesus zu den Zuhörenden:

„Wenn eure Gerechtigkeit nicht besser ist als die der Schriftgelehrten und Pharisäer, so werdet ihr nicht in das Himmelreich kommen.“ (Matthäus 5:20; LU)

Unsere Gerechtigkeit muss besser sein als die der Schriftgelehrten und Pharisäer, sonst gelangen wir nicht in das Königreich der Himmel. Jesus sprach davon, dass wir uns durch Einhaltung des Gesetzes und gute Taten nicht selbst rechtfertigen können. Dies brachte er uns auch mit der Geschichte vom Pharisäer und Zöllner nahe. Sind wir nun gute Pharisäer oder sündige Zöllner – wir benötigen Gottes Vergebung. Durch Paulus wissen wir, Jesus selbst muss zu unserer Gerechtigkeit werden, damit wir Zutritt zum Königreich der Himmel erhalten.

Jesu Gerechtigkeit ist besser als die Selbstgerechtigkeit der Gesetzeslehrer und Pharisäer, welche sich durch Halten des Gesetzes und somit auch durch das Zehntengeben ewiges Leben verdienen wollen. In Jesus Christus haben wir Gottes Gerechtigkeit; die Selbstgerechtigkeit der Pharisäer und Schriftgelehrten benötigen wir nicht mehr. Jesus gab sich für uns am Kreuz, damit wir durch ihn zur Gerechtigkeit, die vor Gott gilt, werden konnten und uns nicht mehr selbst gerecht machen brauchen (vgl. 2. Korinther 5:21).

Jesus Christus ist Gottes Gerechtigkeit. Am Kreuz gab er sein Leben für uns, damit wir in den Himmel gelangen können. Auf Golgatha trug er unsere Sünde und vergab uns. Er betete: „Vater, vergib ihnen; denn sie wissen nicht, was sie tun.“ (Lukas 23:34; LU)

Mit der Vergebung unserer Sünden befreite uns der Sohn Gottes aus der Sklaverei Satans. Nun können wir durch Glauben Gottes Wege gehen und tun, was er uns sagt. Jesus wurde zu unserer Gerechtigkeit. Diese ist weit besser als die der Pharisäer und Schriftgelehrten. Paulus schreibt in diesem Zusammenhang:

> **„… dass ich nicht habe meine Gerechtigkeit, die aus dem Gesetz kommt, sondern die durch den Glauben an Christus kommt, nämlich die Gerechtigkeit von Gott aufgrund des Glaubens."**
>
> (Philipper 3:9; LU)

Die Gerechtigkeit, die von Gott kommt, ist Jesus Christus. Nun müssen wir nicht mehr nach der Einhaltung des Gesetzes trachten. Auch folgen wir keinem Gesetz, dass uns aufträgt, den Zehnten zu geben. Nehmen wir Jesu Werk im Glauben an und ihn in uns auf, werden wir vor Gott gerechtfertigt und zu Kindern Gottes. Mehr brauchen wir nicht zu tun, um Gerechtigkeit vor Gott zu erlangen.

Im Bund mit Jesus

Die Annahme der Gerechtigkeit Gottes bekunden wir mit dem Nehmen des Abendmahls.

Doch essen wir nur seinen Leib und trinken sein Blut, steht unser beglaubigender Anteil an der Bundesbeziehung noch aus. Zwar sind wir durch Jesus gerechtfertigt und gerettet, aber hier auf Erden noch nicht in dem Stand, voll und ganz von den Vorzügen des Bundes zu profitieren.

Wir müssen uns unserem Gott geben, so wie er sich uns gab. Dies tun wir mit dem Geben des Zehnten. Erst wenn wir mit Brot und Wein Jesus Christus in uns aufgenommen und ihm den Zehnten von unseren Einkünften gegeben haben, ist unser Bund mit dem Allerhöchsten vollkommen geschlossen.

Die Heuchelei der Pharisäer

Bei einer anderen Gelegenheit konfrontierte Jesus die Pharisäer und Schriftgelehrten und erwähnte dabei den Zehnten erneut:

„Weh euch, Schriftgelehrten und Pharisäer, ihr Heuchler, die ihr den Zehnten gebt von Minze, Dill und Kümmel und lasst das Wichtigste im Gesetz beiseite, nämlich das Recht, die Barmherzigkeit und den Glauben! Doch dies sollte man tun und jenes nicht lassen." (Matthäus 23:23; LU)

Die Gesetzeslehrer verfeinerten im Laufe der Zeit das Gesetz des Zehntengebens derart, dass sie auch von Minze, Dill und Kümmel, die nur geringen Wert besaßen, ihren Zehnten gaben, und forderten jeden anderen dazu auf, dasselbe zu tun. Ihre, dem mosaischen Gesetz hinzugefügten Regeln nahmen so viel Raum ein, dass sie die wichtigen Dinge des Gesetzes, wie das Recht, die Barmherzigkeit und den Glauben, aus den Augen verloren. Sie wurden zu Kleinkrämern, die engherzig ihre Sache verfolgten und daher nicht mehr großzügig sein konnten.

Auch hier sollten wir beachten: Jesus sprach nicht gegen das Geben des Zehnten, sondern betonte, man solle alle Gebote Gottes halten. Dieses zu tun und jenes nicht zu lassen, war Jesu Weisung an die von der Wahrheit abgeirrten Gesetzeslehrer. Jesus stand für das Geben des Zehnten ein, deckte jedoch perverse Auswüchse auf und konfrontierte diese scharf.

2.6. Die Gemeinde Jesu und der Zehnte

Etliche Jahre nach dem der Heilige Geist auf die Erde gekommen und die Gemeinde Jesu geboren worden war, schrieb, wie allgemein angenommen wird, der Apostel Paulus den Brief an die Hebräerchristen. Darin lässt er uns wissen, das Geben des Zehnten gehört zum Leben aus Glauben. Es wurde nicht wie der Alte Bund für veraltet erklärt. Gott wünscht, dass der Zehnte fortan nur noch aus Glauben gegeben wird, nicht mehr aus Gesetz.

Das Zehntengeben, verbunden mit Gottes Zusage, jene im Übermaß zu segnen, die ihm treu das Einkommen verzehnten, ist also auch im Zeitalter der Gemeinde Jesu aktuell. Durch Jesu stellvertretende Erfüllung des Gesetzes (vgl. Römer 10:4; Hebräer 8:13) hat der Zehnte seine ursprüngliche Bedeutung zurück erlangt. Im Hebräerbrief wird ausdrücklich gezeigt, der Zehnte soll gegeben werden, wie Abraham ihn dem Priester Melchisedek gab (vgl. Hebräer 7:12-19).

Wer bekommt den Zehnten heute?

In Hebräer 7:8 heißt es:

„Und hier nehmen den Zehnten sterbliche Menschen, dort aber einer, dem bezeugt wird, dass er lebt." (LU)

Nach dem mosaischen Gesetz gaben die Israeliten ihren Zehnten den Leviten. Diese wiederum gaben hiervon den Zehnten an die Priester. Menschen gaben ihn sterblichen Menschen. Heute hingegen geben alle, welche Christus angehören, den Zehnten dem, welchem bezeugt wird, dass er lebt und Hohepriester nach der Ordnung Melchisedeks ist (vgl. Hebräer 7:17). Hier wird von Jesus Christus gesprochen.

Jesus ist die Auferstehung und das Leben (vgl. Johannes 11:25). Er stand von den Toten auf und wird niemals wieder sterben. Er lebt für immer – wie Melchisedek, welcher von Abraham den Zehnten nahm. Nun sollen auch wir wie Abraham im Glauben den Zehnten geben.

Wenn wir den Zehnten in die Gemeinde geben, nehmen diesen zwar sterbliche Menschen in Empfang, doch in Wirklichkeit gelangt er zum Thron Gottes, wo ihn unser Hohepriester Jesus Christus entgegen nimmt. Wie Melchisedek den Zehnten von Abraham erhielt, so nimmt jetzt Gottes Sohn unsere Zehntengabe an.

Abraham gab Melchisedek seinen Zehnten – nicht aufgrund gesetzlicher Vorschriften, sondern aus Glauben. Er gab ihm den Zehnten, weil er Gott gehören wollte und nicht mehr sich selbst.

Abraham sah sich in Gottes versorger der Hand und kannte das Prinzip des Segnens. Er glaubte, Gott würde ihn segnen und versorgen, wenn er ihm den Zehnten gäbe.

Doppelter Segen

Der Hebräerbrief sagt uns, Melchisedek ist ohne Vater und Mutter, ohne Stammbaum und ohne Anfang und Ende und hat unvergängliches Leben, und so gleicht er dem Sohne Gottes (vgl. Hebräer 7:3). Dieser Melchisedek „nahm den Zehnten von Abraham und segnete den, der die Verheißungen hatte." (Hebräer 7:6; LU)

Melchisedek segnete Abraham, noch bevor er den Zehnten von ihm erhielt:

„Aber Melchisedek, der König von Salem, trug Brot und Wein heraus. Und er war ein Priester Gottes des Höchsten und segnete ihn ... Und Abram gab ihm den Zehnten von allem."
(1. Mose 14:13-20; LU / vgl. auch Hebräer 7:1)

„... der nahm den Zehnten von Abraham und segnete den, der die Verheißungen hatte." (Hebräer 7:6; LU).

Melchisedek segnete Abraham noch vor dessen Glaubenstat; das ist Gnade. Und nachdem Melchisedek von Abraham den Zehnten erhalten hatte, segnete er ihn erneut; das ist der Lohn des Glaubens (vgl. Hebräer 11:6). So wie Abraham von Melchisedek gesegnet wurde, bevor er ihm den Zehnten gegeben hatte, werden auch wir heute von Jesus gesegnet, noch ehe wir gewillt sind, ihm den Zehnten zu geben. Erst werden wir aus Gnade gesegnet, welche wir durch Glauben empfangen; dann werden wir gesegnet, wenn wir aus Glauben leben und gehorsam sind. Paulus lehrt, dass wir durch Glauben gerecht werden, und als Gerechte dann aus Glauben leben werden (vgl. Römer 1:17).

Durch Glauben an Jesus Christus werden wir errettet und zu Gerechten. Das ist Gottes erster Segen für uns; allein aus Gnade geschenkt. Fortan leben wir das, was wir geworden sind, aus Glauben.

Zuerst hören wir auf Gottes Reden, dann werden Gottes gehörte Worte durch uns wirksam; dies ist Leben aus Glauben. Wir handeln wie Abraham und geben den Zehnten aus Glauben. Aufgrund unserer Tat werden wir gesegnet, denn gelebter Glaube erhält Lohn. So werden wir wie Abraham erneut von Jesus gesegnet.

Jesus Christus wurde Hohepriester des Allerhöchsten nach der Ordnung Melchisedeks. Dieser segnete Abraham aus Gnade, noch bevor der ihm den Zehnten gab. Und wir? Wir werden von Jesus Christus aus Gnade mit geistlichem Gut gesegnet, noch ehe wir den Zehnten geben. Allerdings haben wir hier auf der Erde von diesem Segen solange keinen Nutzen, wie wir im Unglauben verharren und dem Wort Gottes ungehorsam sind.

Auch wenn Gott uns gesegnet haben mag, als wir noch keine tiefergehende Erkenntnis hatten, grundsätzlich gilt: Mit unserer Zehntengabe bekunden wir, dass wir an Jesu Versorgung für uns glauben. Erst dieser Glaube setzt in seiner Tat die Gaben Gottes und überfließende Versorgung für uns frei.

Das bereits durch Gnade empfangene geistliche Gut (die Segnung vor der Tat unseres Glaubens) wird uns durch die zweite Segnung zur materiellen Wirklichkeit. Geben wir den Zehnten nicht oder handeln nicht nach dem, was wir glauben, berauben wir Jesus der Gelegenheit, uns die geistlichen Güter sichtbar werden zu lassen.

Wer den Zehnten nicht gibt, sagt damit, er will noch immer sich selbst gehören. Die meisten von uns nehmen zwar gerne Jesus und alle Gnadengeschenke dankend an, sind aber nicht bereit, sich selbst ganz hinzugeben. Deswegen kann ihnen ihr geistlicher Segen, der für sie in der Himmelswelt lagert (vgl. Epheser 1:3), auf Erden nicht in vollem Umfang gegeben werden. Jesus ist nicht auf unseren Zehnten angewiesen. Wir aber brauchen seine zweite Segnung, denn diese macht die geistliche Erfahrung des ersten Segens sichtbar.

Gottes lebendiger Umgang mit seinen Prinzipien

Gott hat uns Maßstäbe vorgegeben, und er möchte, dass wir ihnen folgen. Doch zeigt er uns in seinem Wort ebenso, er ist kein „Prinzipienreiter". Er segnet auch, wenn seine Ordnung unwissentlich nicht eingehalten wird. Er ist ein liebender Vater: Er sorgt für uns, möchte uns aber auch erziehen.

Als Petrus im Haus des Kornelius die Erlösung durch Jesus Christus verkündigte, fiel der Heilige Geist schon während der Predigt auf die Zuhörenden, und sie begannen, Gott in neuen Sprachen anzubeten (vgl. Apostelgeschichte 10:1f.). Gottes Ordnung ist: zunächst bekennt ein Mensch seine Sünden, tut Buße und lässt sich im Wasser taufen. Danach kann er die Gabe des Heiligen Geistes, auch Geistestaufe genannt, empfangen (vgl. Apostelgeschichte 2:38).

Dementsprechend hätten die Neubekehrten, gläubig geworden unter der Predigt des Petrus, erst im Wasser getauft werden müssen, um dann die Taufe im Heiligen Geist erleben zu können. Doch Gott selbst ging mit seinen Vorgaben zwanglos um und erfüllte die Zuhörenden mit dem Heiligen Geist, ehe sie im Wasser getauft waren. Dieses Vorgehen Gottes verwunderte Petrus und sein Team sehr.

Manch einer erlebt Segnungen Gottes, ohne den Zehnten entrichtet zu haben. Dies liegt nicht daran, dass das Prinzip des Zehntengebens nicht zeitgemäß wäre, sondern viel mehr an der väterlichen Großzügigkeit Gottes im Umgang mit seinen Kindern.

3

Umgang mit dem Geben des Zehnten

3.1. Keinen Zehnten geben

Falls du bisher nichts über das Geben des Zehnten wusstest, gehörst du nicht zu denen, die ich in diesem Abschnitt vorrangig ansprechen will. Der Zehnte kann nur in rechter Weise gegeben werden, wenn man eine Offenbarung darüber erhalten hat.

Vielleicht gibst du sogar mehr als den Zehnten, ohne den Sinn des Zehntengebens verstanden zu haben. Auch dann befindest du dich nicht unter den hier Angesprochenen.

Doch bist du Mitglied einer Gemeinde Jesu und gibst den Zehnten nicht, obwohl dir darüber Einsicht zuteil geworden ist, hast du dich für die schlechteste Möglichkeit im Umgang mit dem Zehnten entschieden.

Der Zehnte gehört in die Gemeinde Jesu

Die Gemeinde ist der Leib Christi. Jesus ist das Haupt dieses Leibes. Die Gemeindezugehörigen sind die Glieder. Zusammen ergeben das Haupt und die Glieder Christus, den Gesalbten (vgl. 1. Korinther 12:12+26).

So, wie Abraham Melchisedek den Zehnten gab, sollen wir heute Jesus Christus den Zehnten geben. Jesus will seine Gemeinde bauen (vgl. Matthäus 16:18) und dafür den Zehnten verwenden.

Deshalb darf gesagt werden: Wer Jesus den Zehnten gibt, muss ihn in die Gemeinde geben. Er gibt ihn jenen Menschen, die Jesus zur Führung und Verwaltung seiner Gemeinde eingesetzt hat. Diese tragen die Verantwortung, den Zehnten nach Gottes Weisung zu verwenden. Dabei soll er zum Lebensunterhalt der Angestellten, zur Verbreitung des Evangeliums und zur geistlichen Ernährung der Gemeindemitglieder eingesetzt werden.

Damit Speise im Hause sei

Mit dem Geben des Zehnten sorgen die Mitglieder einer Gemeinde dafür, dass diese gebaut werden kann und versorgt wird. Im Grunde segnen sie sich selbst; denn ihr Zehnter trägt dazu bei, dass „Speise" im Hause Gottes ist (vgl. Maleachi 3:10), mit welcher sie sich nähren können. Diese Speise ist Gottes Wort, von Menschen gepredigt. Gottes Wort gelangt durch den Dienst von Menschen zu Menschen, damit diese geistlich genährt und gekräftigt werden. Die Verkündiger des Wortes Gottes benötigen Zeit, um die Speise zuzubereiten; deshalb sollen sie finanziell unterstützt werden.

Somit kommt der Zehnte den Gebern wieder zugute. Auch ist es zu ihrem Vorteil, sich in einem Raum versammeln zu können und nicht dem Wetter ausgesetzt zu sein. Obendrein haben die Zehntengeber mit ihrer Gabe Anteil an allem, was die Gemeinde unternimmt und hervorbringt.

Der Zehnte ist nicht für Missionswerke und auch nicht als Almosen gedacht. Er ist für die Gemeinde, in der wir beheimatet sind, bestimmt.

Brot auf Kosten anderer

Jesus sagt von sich, er sei das Brot des Lebens (vgl. Johannes 6:49). Dieses Brot ist das Wort Gottes, welches in der Gemeinde gepredigt wird und die Zuhörenden in das Ebenbild Christi umgestaltet. Dieses Brot ist die Speise im Vorratshaus, von dem Maleachi spricht. Die

Gemeinde wird demzufolge als Vorrats- oder Brothaus bezeichnet. – In seinem Wort ist Jesus das lebendige Brot in diesem Haus.

Den Zehnten kann man mit Mehl und den nötigen Zutaten vergleichen, die für das Backen von Brot gebraucht werden. Wer seiner Gemeinde den Zehnten gibt, gibt ihn Jesus und sorgt dafür, das Gottes Wort zur Verkündigung bereitet werden kann. Wer ihn nicht gibt, lebt von dem, was die anderen geben. Zwar ernährt er sich, aber nicht in statthafter Weise. Er lebt vom Zehnten derer, die sich an das Wort Gottes halten. – Für geistliche Babys hingegen ist es völlig normal, sich so ernähren zu lassen. Sie brauchen für ihre Speise nichts aufzubringen.

Viele Gemeinden nutzen ein Gemeindezentrum. Das Grundstück mit dem Gebäude und der Unterhalt für den Pastor, welcher das Brot des Lebens austeilt, kosten Geld.

Einerseits wird die Existenz der Gemeinde durch Jesus gesichert, andererseits wird sie durch den Zehnten der Mitglieder getragen. Durch zusätzliche Gaben kann die Gemeinde zudem neue Missionsprojekte starten oder bestehende unterstützen.

Wer sich in einer Gemeinde vom Wort Gottes ernährt, aber ihr keinen Zehnten oder nur manchmal eine kleine Gabe gibt, ist ein Schmarotzer. Er lässt sich von denen, die nach Gottes Weisung leben und den Zehnten geben, aushalten. Dabei betrügt er alle anderen Gemeindemitglieder, sich selbst und besonders auch Gott, dem der Zehnte all seiner Einkünfte gehört.

Lange Zeit tat das Volk Israel, was ihm Gottes Wort in Bezug auf den Zehnten sagte, und war gesegnet. Irgendwann jedoch hörte es mit dem Geben auf. Damit vergriff es sich an Gottes Eigentum. Die Israeliten gaben Gott nicht länger, was ihm gehörte. Sie betrogen ihn, als sie den Zehnten nicht mehr gaben, obwohl die Bibel klar darüber spricht, dass der Zehnte ganz in Gottes Brot-, Korn- oder Vorratshaus (die Gemeinde) hineingegeben werden soll (vgl. Maleachi 3:10).

Genauso verhält es sich auch heute in Jesu Gemeinde. Etliche, die erkannt haben, der Zehnte gehört in Gottes Haus, geben ihn einfach nicht. Sie, die es eigentlich besser wissen, sind zu Besserwissern geworden.

Wenn du zu den Leuten gehören solltest, die alles besser wissen, kannst du dieses Buch ruhig zur Seite legen. Aber bedenke: die Weisen auf Erden lernen nicht aus und lassen sich gerne etwas sagen (vgl. Sprüche 9:9). Im Buch der Sprüche heißt es über jemanden, der es von vornherein besser weiß: „Wenn du einen siehst, der sich weise dünkt, da ist für einen Toren mehr Hoffnung als für ihn." (Sprüche 26:12; LU)

Der Zehnte – Gottes Eigentum

Als Abraham mit Gott eine Bundesbeziehung einging, wurden er und alle seine Nachkommen zu Gottes Eigentum. Seinen Willen hierzu bezeugte er Gott gegenüber mit dem Geben des Zehnten. Die Israeliten, aber auch die Gläubigen an Jesus Christus, traten mit in diese Bundesbeziehung ein und wurden schon in ihrem Vater Abraham mit dem Zehnten belegt.

Israel wurde zum Dieb, als es den Zehnten nicht mehr gab. Es nahm, was aufgrund des Bundes Gott gehörte. Als Konsequenz musste es ohne den Segen Gottes leben (vgl. Maleachi 3:9). Genau in diesen bedauernswerten Zustand hinein sprach der Prophet Maleachi: Gott würde die Israeliten erneut mit allem im Überfluss segnen, wenn sie umkehrten und ihm wieder den Zehnten ihres Einkommens und zusätzliche Opfer gäben.

„Bringt aber den Zehnten in voller Höhe in mein Vorratshaus, auf dass in meinem Hause Speise sei, und prüft mich hiermit, spricht der HERR Zebaoth, ob ich euch dann des Himmels Fenster auftun werde und Segen herabschütten die Fülle ... Dann werden euch alle Heiden glücklich preisen, denn ihr sollt ein herrliches Land sein, spricht der HERR Zebaoth." (Maleachi 3:10+12; LU)

Was für eine wunderbare Zusage an Israel! Gott versprach, des Himmels Fenster zu öffnen und Segen in Fülle herabzuschütten, wenn das Volk den Zehnten geben würde. Allerdings musste der Zehnte zur Freisetzung von Segen zu jener Zeit aufgrund des Gesetzes gegeben werden. Viel besser haben wir es heute, die wir den Zehnten unserer Einkünfte aus Glauben in die Gemeinde geben können. Wer aus Glauben gibt, handelt in Freude. Glaube tritt immer in Verbindung mit Freude auf, denn er sieht: Wer nach Gottes Anweisung handelt, wird nicht ärmer, sondern reicher. Er ist zuversichtlich und gewiss, Gott steht zu seinem Wort. Der Glaubende weiß: Jesus gegeben, öffnet der Zehnte eine Tür, durch welche der schon im Himmel aufbewahrte Segen im Übermaß zu ihm gelangen kann.

Niemand, der über halbwegs gesunde Gedanken verfügt, möchte ein Schmarotzer sein. Deshalb übernimmt der verständige Christ seinen Anteil an der Versorgung des Brothauses Gottes, damit es nicht verarmt und alles bezahlt werden kann. Selbst wenn Gott keine Segenszusage gemacht hätte, würde derjenige, der Gott begegnet ist und zu einem verantwortungsbewussten Nachfolger Jesu heranreift, dennoch seinen Zehnten zur Unterstützung der Gemeinde geben.

Wer an Jesus Christus glaubt, ist Teil des Hauses Gottes geworden. Wie Steine beim Hausbau geschichtet werden, wird ein gläubig gewordener Mensch als lebendiger Stein in Gottes Haus eingefügt. Als Baustein leistet er selbstverständlich seinen Beitrag zum Bau und Erhalt des Hauses Gottes.

Der Zehnte gehört Gott und ist heilig (vgl. 3. Mose 27:30). Ihn zu geben ist keine großzügige Glanzleistung. Wir geben Gott nur, was ihm gehört.

Wer dem Herrn den Zehnten von seinem Einkommen vorenthält, ist Gott gegenüber ein Dieb. Zudem lebt er in der Gemeinschaft der Heiligen unverdient von anderen. Gott mag keine Diebe, und er will auch keine Schmarotzer. Paulus sagt über jene, die sich aushalten lassen: „Wenn jemand nicht arbeiten will, soll er auch nicht essen." (2. Thessalonicher 3:10)

Dabei geht es nicht um unverschuldete Notlagen. Doch wer den anderen auf der Tasche liegt und in seinem Herzen die Einstellung hat: „Ich will nicht arbeiten, sollen die anderen doch etwas für mich tun", legt einen dreisten Eigennutz an den Tag.

Unsere Haltung und unser Handeln muss mit Gottes Wort übereinstimmen. Jeder von uns sollte sich in seinem Herzen vornehmen: „Ich werde weder Dieb noch Schmarotzer sein. Ich will nach Gottes Wort handeln und Gott geben, was ihm gehört. Ich gebe den Zehnten und mehr darüber hinaus. Die Gemeinde Jesu soll gesegnet sein, damit sie geben und ein Segen sein kann."

Das Geben hat eine große Belohnung. Dies bestätigt uns auch das Buch der Sprüche:

„Ehre den HERRN mit deinem Besitz, mit den Erstlingen all deines Ertrages! Dann füllen deine Speicher sich mit Vorrat, und von Most fließen über deine Keltern." (Sprüche 3:9+10; EB)

3.2. Ein gesetzliches Verständnis

Nach der Verweigerung, den Zehnten zu geben, ist die nächst schlechtere Möglichkeit, ihn aus gesetzlichen Erwägungen zu entrichten.

Wer Jesus Christus und seiner Gemeinde den Zehnten seines Einkommens aufgrund des Gesetzes gibt, hat die Botschaft des Neuen Testamentes nicht verstanden. Er hat noch nicht erkannt, Gottes Gerechte leben aus Glauben (vgl. Römer 1:17). Der Gesetzesvertreter will noch dem Gesetz genügen, welches Jesus schon längst stellvertretend für ihn erfüllt hat. Er sucht, sich selber den Himmel zu öffnen – aus eigener Gerechtigkeit, nicht aus Glauben. Anders als jene, die durch Glauben an das Werk Christi gerecht wurden und auf diesem Weg Gottes Segen erfahren, nimmt er nicht wahr, dass der Himmel bereits von Jesus geöffnet wurde.

Jedes Gesetz fordert unbarmherzig seine strikte Einhaltung. Wer sich nicht danach richtet, wird bestraft – ob er das Gesetz nun bewusst oder unbewusst übertritt, oder zur Übertretung verführt wurde. Selbst Unwissenheit und Naivität schützen vor Strafe nicht. Es gibt keine Ausrede. Dies gilt auch für das Gesetz, welches Gott für das Volk Israel gab.

Gottes Gesetz ist kalt

Das mosaische Gesetz ist das härteste aller Gesetze. Seine Übertretung zieht schreckliche Strafe nach sich. Wer nach diesem Gesetz leben will, muss es ganz halten, um ihm zu entsprechen. Es nützt nichts, nur einige Gebote gehalten zu haben. Jakobus schreibt:

„Denn wenn jemand das ganze Gesetz hält und sündigt gegen ein einziges Gebot, der ist am ganzen Gesetz schuldig. Denn der gesagt hat (2. Mose 20:13+14): **‚Du sollst nicht ehebrechen‘, der hat auch gesagt: ‚Du sollst nicht töten.‘ Wenn du nun nicht die Ehe brichst, tötest aber, bist du ein Übertreter des Gesetzes.“** (Jakobus 2:10+11)

Wer den Zehnten aufgrund des Gesetzes entrichtet, aber beispielsweise ein falsches Zeugnis über seinen Bruder gibt, bricht das Gesetz; er ist am ganzen Gesetz schuldig geworden. Sein Zehntengeben war umsonst und sinnlos. Du magst fragen: „Und was ist mit dem zu erwartenden Segen?“ Der bleibt aus! Die Fenster des Himmels werden nicht geöffnet.

„Denn die aus den Werken des Gesetzes leben, die sind unter dem Fluch. Denn es steht geschrieben (5. Mose 27:26): **‚Verflucht sei jeder, der nicht bleibt bei alledem, was geschrieben steht in dem Buch des Gesetzes, dass er's tue.‘“** (Galater 3:10; LU)

Jeder, der versucht, das mosaische Gesetz zu befolgen, steht unter Fluch; denn keiner wird es ganz halten können. Deshalb befinden sich auch jene unter Fluch und nicht unter Segen, die den Zehnten aufgrund der Weisung des Gesetzes geben. Du magst immer noch fragen: „Aber warum ist jemand, der Gott dienen und sein Leben nach dem mosaischen Gesetz führen will, unter Fluch und nicht unter Segen? Will er nicht tun, was Gott sagt? Ist es nicht richtig, nach Gottes Gesetz zu leben?" Nein, es ist nicht richtig! Es ist auf keinen Fall erstrebenswert, das Gesetz Gottes erfüllen zu wollen, um dadurch Gott zu gefallen. Wer sein Leben nach dem mosaischen Gesetz führen will, muss das gesamte Gesetz halten, um Leben zu gewinnen. Das ganze Gesetz halten zu müssen, meint tatsächlich, dies ganz und gar zu tun! Nur, wenn alles eingehalten wurde, bleibt der Fluch aus. Einmal das Gesetz übertreten – schon ist die ganze Zukunft zum Teufel.

Vom Gebot geweckte Begierde

Es ist sogar noch verhängnisvoller, als oben beschrieben. Das mosaische Gesetz verleiht demjenigen, der es halten will, keine Kraft, dies zu tun, und wirkt auf jenen Menschen sogar noch gegenteilig. Durch das Gesetz werden die fleischlichen Lüste derart gereizt, dass der Betrachter des Gesetzes schon deshalb das Gebot übertreten will. So paradox es auch ist: Bei dem Befassen mit dem Gesetz wird die Begierde geweckt, es übertreten zu wollen. Paulus sagt:

„Die Sünde aber ergriff durch das Gebot die Gelegenheit und bewirkte jede Begierde in mir; denn ohne Gesetz ist die Sünde tot. Ich aber lebte einst ohne Gesetz; als aber das Gebot kam, lebte die Sünde auf; ich aber starb. Und das Gebot, das zum Leben gegeben, gerade das erwies sich mir zum Tod. Denn die Sünde ergriff durch das Gebot die Gelegenheit, täuschte mich und tötete mich durch dasselbe." (Römer 7:8-11; EB)

Suchten wir, Gott durch Einhaltung des Gesetzes zu gefallen, würde in unserer alten Natur die Begierde ausgelöst werden, diesem entgegen handeln zu wollen. Früher oder später überträten wir irgendeine Anordnung, und der Segen des Zehntengebens wäre hinfällig.

Gott gab das Gesetz dem fleischlichen Wesen des Menschen. Es sagt: „Du sollst nicht ...", und fordert das Fleisch heraus, das Richtige zu tun. Dies aber kann es nicht; es hat keine Kraft des Geistes in sich, die es zum Halten des Gesetzes benötigen würde.

Fleisch ist die stolze, sündige und widergöttliche Natur des Menschen. Es ist das Verlangen der Seele, sich durch den Körper mit irdischen, weltlichen Dingen zu befriedigen, statt an Gott. Fleisch widersteht dem Höchsten – so sehr, dass es die Kraft des Geistes Gottes, der Leben ist, nicht empfangen wollte, selbst wenn sie ihm angeboten würde.

Im Fleisch finden wir kein göttliches Leben. Es lebt nicht wirklich; vor Gott ist es tot, und deshalb stirbt es. Jeder wird zu dem, was er schon ist.

Kraftloses Fleisch

Das Fleisch bräuchte die Kraft des Geistes, um dem Gesetz genügen zu können. Doch eben dieser Lebenskraft steht es entgegen. Sein widergöttliches Wesen verpflichtet es dem Tod. Durch seine sündige Gebundenheit an das Irdische wird die alte Natur niemals für die Kraft des Geistes empfänglich werden.

Fleisch und Blut können das Reich Gottes nicht erben. Deshalb muss jeder Mensch, der den Segen des Himmels erleben will, mit Christus am Kreuz sterben. Erst wenn der Sünder sich im Glauben mit Christus für gestorben betrachtet, ist er von seiner fleischlichen Natur frei und wurde durch die Auferstehung Christi zu einer geistlichen Persönlichkeit (vgl. Galater 2:19+20).

Durch den Tod mit Christus am Kreuz sind wir auch dem mosaischen Gesetz gestorben; Toten gilt kein Gesetz. Die gute Botschaft lautet: Alle mit Christus Gestorbenen sind mit ihm auch von den Toten auferstanden. Für die Auferstandenen gilt ein neues Gesetz: Das Gesetz des Lebens durch Glauben an Jesus Christus. Sünde und Tod haben kein Recht, in diesem Gesetz zu wirken. Der Kodex des Glaubens gibt dem Glaubenden die Kraft, nach Gottes Wort handeln zu wollen und es zu vollbringen.

Jesus Christus starb aufgrund unserer Sünde. Er starb den Tod unseres Fleisches, in welchem Gott die Sünde verdammte. Doch der

Heilige Geist weckte Jesus von den Toten wieder auf, weil der Herr selbst nie gesündigt hatte.

Durch seinen Tod befreite uns Jesus von unserem fleischlichen Wesen; wir, die Sünder, starben mit ihm. Als er von den Toten auferweckt wurde, standen auch wir als neue Menschen mit ihm von den Toten auf. Wir wurden zu dem, was wir vor dem Tod unseres alten Wesens nie sein konnten: Menschen des Geistes. Jetzt können wir durch Glauben unser altes Leben als gestorben wissen und im neuen Leben des Christus wandeln. – Unser Glaube an Gottes Sohn muss mit dem Glauben an den Tod unseres Fleisches einhergehen (vgl. Galater 2:19+20).

Das mosaische Gesetz wurde für das Fleisch gegeben. Fleisch kann nicht glauben; es benötigt das Gesetz, um seine Unfähigkeit zu erkennen, Gottes Wort zu tun. Alle, die im Fleisch leben, können nicht glauben; und wer ohne Glauben Gottes Segen erfahren will, dem bleibt nur, sich dem Gesetz zuzuwenden. Dieses Gesetz hingegen wird er niemals ganz halten können – und deshalb auch nicht an den Segen Gottes gelangen.

Es fällt leicht, dem mosaischen Gesetz nicht zu gehorchen, denn ohne die Kraft des Geistes Gottes ist seine Einhaltung schier unmöglich. Hinsichtlich des Glaubens und der Gnade müsste man jedoch eine große Portion Eigenstärke aufbringen, um diesen Kräften der Freude nicht zu folgen. Deshalb ist einer, der nicht tut, was er glaubt, wie jener, der das mosaische Gesetz aus eigener Kraft halten will. Beide leben aus der Kraft des Fleisches und erlangen Gottes Wohlgefallen nicht. Beide müssen sich in ihrer antigöttlichen Haltung enorm anstrengen: Dieser, der nach dem Gesetz leben will, und jener, der dem Glauben widersteht, um nicht zu tun, was dessen Kräfte mit Leichtigkeit durch ihn tun wollen. Manch einer erstickt die frisch gewonnene Offenbarung und Freude, nach dem Geist zu handeln, schon gleich mit fleischlicher „Übermacht". Er wehrt den guten Anfängen. – Das Fleisch ist zu schwach, das Gesetz zu halten; es versucht aber, den Geist auszubremsen.

Die Stärke des Fleisches ist die Begierde nach widergöttlichem Leben, nicht aber, nach Gottes Weisung leben zu wollen. Das Fleisch will unbedingt das vom Gesetz Verbotene tun. Die Begierde im Fleisch ist stärker als der noch in ihm vorhandene gute Wille, der nach dem Gesetz leben und dafür sorgen will, dass die Seele und der Körper gesegnet werden.

Nachdem die vorherrschende Begierde, die Lust zur Sünde, sich durchgesetzt hat, gelangt der gesetzliche Mensch unter Fluch. Das Gesetz ist unbarmherzig zu allen, die durch seine Einhaltung Gottes Segen erfahren wollen. Selbst wer alle Gebote bis auf eins hält, wird bestraft, als hätte er gar kein Gebot gehalten. Obwohl dies als „unfair" erscheint, ist das Gesetz heilig, gerecht und gut (vgl. Römer 7:12). Es hat keine Schuld an unserer Übertretung. Uns trifft die Schuld, wenn wir versuchen, nach dem Gesetz zu leben, zu mal wir aus Glauben an Jesus Christus leben könnten.

Wer nach dem mosaischen Gesetz lebt, wird versagen und sündigen. Die im Fleisch herrschende Sünde lässt uns nicht nach Gottes Weisung leben. Um nach Gottes Wort leben zu können, müssen wir uns aus Glauben mit Christus für gestorben und mit ihm auch als auferstanden betrachten.

Wer das Gesetz nicht in allem hält, ist unter Fluch, auch wenn er den Zehnten seines Einkommens gegeben hat. Dies sagt uns Paulus (er stimmt dabei auch mit Jakobus 2:10+11 überein) und zitiert 5. Mose 27, Vers 26:

„Verflucht sei jeder, der nicht bleibt bei alledem, was geschrieben steht in dem Buch des Gesetzes, dass er's tue!" (Galater 3:10; LU)

Gott gab Israel das mosaische Gesetz, um diesem Volk zu zeigen, dass es sich nicht vor ihm selbst gerecht machen kann und unfähig ist, heilig zu leben. Israel sollte erkennen, es hat nicht die Kraft in sich, nach dem Gesetz zu leben. Und auch alle anderen Völker auf Erden sollten an Israel gewahr werden, dass sie genauso Erlösung brauchten.

Am Volk Israel lässt Gott uns unsere eigene Unzulänglichkeit verstehen, damit wir nach ihm und seiner Kraft fragen. Der Höchste möchte, dass wir in seiner Kraft ein ihm wohlgefälliges Leben führen. Er hilft uns, seine Wege zu gehen. Auch schenkt er uns seine Gnade, damit wir alles tun können, was er sagt. Würden wir in der Kraft des Fleisches das Gesetz erfüllen können, benötigten wir weder Gottes Kraft noch die Gnade der Erlösung vom Fluch des Gesetzes (vgl. Galater 3:13).

Besäßen wir in uns selbst das Vermögen, das Gesetz halten zu können, bräuchten wir Gott nicht. Dies käme dem Fleisch sehr entgegen. Die Sünde im Fleisch würde sich gern selbst an Gottes Stelle setzen. Sie würde gesetzestreu handeln, um sich selbst ein gesegnetes Leben zu verschaffen. – Ohne die Erkenntnis der eigenen Ohnmacht kommen wir deshalb niemals in Demut zu Jesus, um ein Leben aus der Kraft Gottes zu beginnen.

Aufgrund der Sünde im Fleisch sind wir beständig darauf aus, uns selber etwas Gutes zu tun. Besteht keine andere Möglichkeit, sind wir sogar bereit, dieses Gute durch Einhaltung des Gesetzes zu erreichen. – Das ist Stolz!

„Glücklicherweise" ist niemand in der Lage, das ganze Gesetz zu befolgen. Die Sünde, die auf der einen Seite den Menschen an die Stelle Gottes setzen will, lässt das auf der anderen Seite nicht zu – sie lässt ihn stürzen; Hochmut kommt vor dem Fall.

„Der Hochmut eines Menschen erniedrigt ihn; der Demütige aber erlangt Ehre." (Sprüche 29:23; EB)

So wird jeder, der nach dem Gesetz zu leben versucht, es verletzen, früher oder später scheitern und unter dem Fluch des Gesetzes verloren gehen.

„Denn Christus ist des Gesetzes Ende; wer an den glaubt, der ist gerecht." (Römer 10:4; LU)

Dem Gesetz gestorben

Die Nachkommen Abrahams und die Nationen wurden durch das Gesetz auf die Erlösung durch Jesus Christus vorbereitet. Besonders Israel sollte einsehen, wie wunderbar es ist, allein aus Gnade und Glauben zu leben und Segen zu empfangen. Durch die Erfahrung der Härte des mosaischen Gesetzes sollten die Israeliten erkennen, es ist dem Fleisch nicht möglich, kraftvolles, ewiges Leben zu erlangen.

Wer an den Namen Jesus glaubt, ist nicht allein vom Fluch des Gesetzes frei, sondern zudem ein Kind Gottes geworden. Gott hilft seinen Kindern, ein ihm gerechtes Leben zu führen. Dies bezeichnet die Heilige Schrift als „aus Glauben leben". Echte Christen werden mit dem Geist des Glaubens gefüllt, damit sie durch Glauben tun können, was das Gesetz des Glaubens (nicht das mosaische Gesetz) fordert.

„Das Gesetz aber ist nicht ,aus Glauben', sondern: ,der Mensch, der es tut, wird dadurch leben.' (3. Mose 18:5) Dass aber durchs Gesetz niemand gerecht wird vor Gott, ist offenbar; denn ,der Gerechte wird aus Glauben leben' (Habakuk 2:4)."

(Galater 3:12+11; LU)

Der Gerechte glaubt Gott. Er versucht erst gar nicht, das Gesetz zu halten, um gerecht zu werden. – Der Gerechte glaubt an den von Gott gesandten Erlöser Jesus Christus:

„Christus aber hat uns erlöst von dem Fluch des Gesetzes, da er zum Fluch wurde für uns; denn es steht geschrieben (5. Mose 21:23): **,Verflucht ist jeder, der am Holze hängt.'"** (Galater 3:13; LU)

Der Gerechte ist durch die enge Pforte – das Kreuz Christi – in das Reich Gottes eingegangen. Er glaubt an den Weg Gottes: Jesus Christus. Ihn hat er im Glauben angenommen und zudem jede Segnung, die ihm mit Christus geschenkt worden ist.

Der Gerechte handelt aus der Kraft seines Glaubens in der Gerechtigkeit Jesu; er ist dem Wort Gottes gehorsam.

45

Sich selbst sieht der Gerechte durch das Gesetz dem Gesetz gestorben, indem er sich mit Christus gekreuzigt weiß (vgl. Galater 2:19); er sagt mit Paulus:

„Ich lebe, doch nun nicht ich, sondern Christus lebt in mir. Denn was ich jetzt lebe im Fleisch, das lebe ich im Glauben an den Sohn Gottes, der mich geliebt hat und sich selbst für mich dahingegeben. Ich werfe nicht weg die Gnade Gottes; denn wenn die Gerechtigkeit durch das Gesetz kommt, so ist Christus vergeblich gestorben."

(Galater 2:20+21; LU)

Genauso wie Christus in Paulus lebte und er in ihm, so lebt Christus jetzt auch in uns und wir in ihm. Jesus erfüllte das mosaische Gesetz für uns. Der Glaubende lebt in dem, was Jesus für ihn tat.

Durch Glauben sind wir in die Persönlichkeit Christi hineingelangt. So wie wir in ihm leben, lebt er nun in uns. Er in uns hat das Gesetz erfüllt, und in ihm haben auch wir diesem entsprochen. Jesus hat uns nicht nur in sich auf-, sondern auch mit in all das hineingenommen, was er gewirkt hat. Weil er das Gesetz erfüllte, brauchen wir für dessen Erfüllung nun nicht mehr zu sorgen.

Das Leben aus Glauben stellt eine ganz andere Stufe des Seins dar. Die Ebene des mosaischen Gesetzes verließen wir bei unserem Tod mit Christus am Kreuz. Das Gesetz galt unserem widergöttlichen, fleischlichen Wesen – das aber starb ein für alle mal mit Christus. Für den Menschen in Christus hat das Gesetz keine Rechtswirksamkeit mehr (vgl. 1. Timotheus 1:9).

Seit wir im Glauben erfassen konnten, was Jesus für uns tat, folgen wir einem anderen Gesetz – dem des Geistes, der Liebe und des Glaubens.

Die Liebe ist des Gesetzes Erfüllung (vgl. Römer 13:10); sie gelangt zu uns durch ungeheuchelten Glauben (vgl. 1. Timotheus 1:5) und wird durch den Glauben tätig (vgl. Galater 5:6). Weil wir durch

Gottes Liebe aus Glauben leben können, geben wir den Zehnten nicht aufgrund des mosaischen Gesetzes, sondern aus Glauben und Liebe zu Gott.

Jesus sagte, das Gesetz und die Propheten gingen bis auf Johannes den Täufer, danach würde die gute Botschaft vom Reich Gottes verkündigt (vgl. Lukas 16:16). Die Worte des letzten Buches im Alten Testament, Maleachi, waren an das Volk Israel gerichtet, welches aufgerufen war, den Zehnten aufgrund des Gesetzes zu geben:

„Ist's recht, dass ein Mensch Gott betrügt, wie ihr mich betrügt! Ihr aber sprecht: ‚Womit betrügen wir dich?' Mit dem Zehnten und der Opfergabe! Darum seid ihr auch verflucht; denn ihr betrügt mich allesamt. Bringt aber die Zehnten in voller Höhe in mein Vorratshaus, auf dass in meinem Hause Speise sei, und prüft mich hiermit, spricht der HERR Zebaoth, ob ich euch dann nicht des Himmels Fenster auftun werde und Segen herabschütten die Fülle." (Maleachi 3:8-10; LU)

Gott sprach diese Worte nicht zu den Glaubenden an Jesus Christus, sondern zum Volk Israel, welches zu jener Zeit noch unter dem mosaischen Gesetz leben musste. Das prophetische Wort Maleachis enthält jedoch auch ernst zu nehmende Hinweise für Glaubende an Jesus, die ihnen helfen können, durch Leben aus Glauben an Gottes Segen im Übermaß zu gelangen. Den Unterschied von Gesetz und Glauben werde ich im Weiteren noch mehr hervorheben. An dieser Stelle jedoch ist es wichtig zu erkennen: Das Leben aus Glauben setzt denselben Segen frei wie das Handeln nach dem mosaischen Gesetz. Beide Wege führen zum selben Ziel. Allerdings wird nur der Glaubende das Ziel erreichen können und Segen erfahren, da er aus der Kraft des Glaubens Jesu Christi lebt, der für ihn das Gesetz erfüllte.

Der Glaubende gibt den Zehnten aus Gehorsam – und zwar in der Kraft des Geistes des Glaubens. In diesem Geist macht er, was Gott sagt, und gelangt an die Schätze des Himmels. Fleisch dagegen hat keine Kraft, diese Schätze zu erreichen, weil es nicht glauben kann. Das Fleisch ist gegenüber dem Geist feindlich gesinnt, und der Geist setzt sich dem Fleisch entgegen (vgl. Galater 5:17). Deshalb kann das fleischliche Wesen nicht durch den Geist und der Geist nicht durch das Fleisch leben. – Im Fleisch ist keine Kraft Gottes. Es kann das Gesetz nicht halten und vermag schon gar nicht, aus Glauben zu leben.

Kinder Gottes wurden aus dem Geist Gottes geboren. Ihnen ist der Geist des Glaubens gegeben, der sie befähigt, das Gesetz der Liebe zu erfüllen. Dennoch können auch von Neuem geborene Christen fleischlich reagieren und sich der Führung des Heiligen Geistes widersetzen. Das Fleisch kann nur fleischlich sein, der Geist nur geistlich. Der neugeborene Christ soll aus dem Geist leben; er kann aber auch fleischlich handeln, wenn sich seine Seele dem Irdischen zuwendet. In diesem Fall wird seine selbstbezogene Gesinnung ihn daran hindern, den Zehnten aus Glauben und Liebe zu geben.

Entweder Gesetz oder Glaube

Viele Christen deuten die oben zitierten Worte des Propheten Maleachi falsch. In bezug zum Geben des Zehnten unterscheiden sie nicht zwischen Gesetz und Glaube. Sie vermengen den Glauben mit dem Gesetz und das Gesetz mit dem Glauben. Das Verkehrte im Richtigen macht das Richtige jedoch immer falsch, wie auch das Richtige im Verkehrten das Verkehrte niemals richtig macht. So wird ihr Empfinden zum Zehntengeben immer gesetzlich sein.

Das mosaische Gesetz funktioniert nicht auf der Grundlage des Glaubens, und doch zeigt es als Schattenbild auf das Wahre und Echte.

Das Gesetz ist für fleischliche Menschen, der Glaube aber für geistliche. Glaube und Gesetz gehen nicht zusammen; der Geist steht gegen das Fleisch. Damit wir nicht unter das mosaische Gesetz fallen, dürfen wir die Worte Maleachis nicht mit fleischlicher Gesinnung lesen. Gottes Wort müssen wir unter der Belehrung des Heiligen Geistes erfassen, damit wir frei bleiben und nicht unter das Gesetz und dessen Fluch gelangen. Glaubende kann das Gesetz nicht binden und unter Fluch bringen. Sie sind frei vom Gesetz, leben im Geist des Glaubens und werden aus einem offenen Himmel gesegnet.

Mit den Augen unseres Geistes erkennen wir, Jesus Christus hat die Fenster des Himmels bereits geöffnet. Von dort aus schüttet der himmlische Vater seinen Segen überreich auf diejenigen herab, die sein Wort glaubensvoll sprechen. Weil Jesus des Himmels Fenster öffnete, vermag gesetzliches Zehntengeben dies nicht mehr zu tun. Gesetzeshandlungen sind nicht mehr nötig und schon gar nicht von Gott verlangt. Der Glaubende versucht nicht, die Himmelsfenster mit dem Zehnten zu öffnen und so den damit verbundenen Segen zu erlangen. Er gibt den Zehnten aufgrund des mit Jesus geschlossenen Bundes und aus Dankbarkeit für das, was der Herr für ihn tat.

Erfüllt der in Christus Gerechte seine Bundesverpflichtung aus Glauben nicht, wird er – wie jene unter dem Gesetz, die den Zehnten nicht gaben – den damit verbundenen Segen nicht empfangen können. Glaube muss durch die Tat vollendet werden (vgl. Jakobus 2:22), damit Gottes Segen fließt. Das Herz dessen, der seinen Glauben nicht durch die Tat vollendet hat, ist für Gottes Segen nicht empfangsbereit.

Nur vollendeter Glaube öffnet unser Herz für die Segnungen Gottes, welche für uns in der Himmelswelt bereit liegen. Wer sieht, was Jesus für ihn tat, gibt mit Freuden aus Glauben den Zehnten. So befindet er sich im Fluss des Segens Gottes und erlebt dessen Erquickungen. Der Psalmist sagt: Der Dankbare ehrt den Höchsten und bereitet den Weg, auf dem Gottes Segen zu ihm gelangt (vgl. Psalm 50:23).

Später werde ich noch genauer auf die Zusammenhänge hinweisen, die Gläubige an Jesus Christus berücksichtigen müssen, um den geöffneten Himmel zu erleben, und werde aufzeigen, wie sie den bereit liegenden Segen freisetzen können. Dann wird auch noch besser zu verstehen sein, dass das Geben des Zehnten eine Bündnis- und keine Gesetzesangelegenheit ist.

Glaube an Jesus Christus hat nichts mit dem mosaischen Gesetz zu tun. Der Glaubende ist frei von diesem Gesetz. Er untersteht dem übergeordneten Gesetz des Glaubens an das lebendige Wort Gottes.

Ich gebe den Zehnten aus Glauben an Jesus Christus und weil Männer Gottes dies taten, noch ehe das Gesetz gegeben wurde.

3.3. Zur Deckung der Kosten

Es ist besser, Jesus Christus den Zehnten wie eine Steuer zukommen zu lassen, als ihn aufgrund des mosaischen Gesetzes zu geben. Du magst sagen: „Weil die anderen geben, gebe ich auch. Ich möchte mich beteiligen, ich will kein Schmarotzer sein. Auch ich genieße die Vorzüge der Gemeindearbeit." Mit dieser Haltung lebst du zwar nicht aus Offenbarung über den Zehnten und somit auch nicht aus Glauben. Doch immerhin gelangst du nicht unter den Fluch des Gesetzes.

Den Zehnten ohne Erkenntnis zu geben, um sich an den Kosten der Gemeinde zu beteiligen, ist eine korrekte menschliche Haltung. Wer das macht, trägt dazu bei, das gemeindliche Wohl zu fördern, bezahlt, was mitgenutzt wurde, und hilft beim Aufbau der Gemeinde.

3.4. Aus Glauben geben

Wer aus Glauben den Zehnten gibt, liegt richtig und findet bei Gott Wohlgefallen. Alle anderen Motive sollten für dich und mich nicht mehr in Frage kommen.

Wer an das Werk Jesu Christi glaubt, wird mit Freuden tätig. Er handelt nicht aufgrund von Gesetz, sondern weil er eine tiefergehende Erkenntnis Gottes hat.

Erkenntnis ist Stückwerk (vgl. 1. Korinther 13:9). Entsprechend seines Glaubensstandes wandelt der Glaubende in dem, was er Jesus tun sieht und sprechen hört. In diesem Bereich ist er mit dem Heiligen Geist eins – und deshalb im Willen Gottes.

Wer im Glauben mit dem Heiligen Geist geht, hat Freude an Gottes Werken und kann sie mit Leichtigkeit umsetzen. Es ist ihm keine Qual, sondern ein großes Anliegen, nach Gottes Wort zu handeln. Wer nur meint zu glauben, hat keine Freude daran, den Willen Gottes zu tun. Ihm ist dieses Wort Gottes noch nicht vollends offenbar geworden.

Um den Zehnten aus Glauben geben zu können, brauchen wir eine entsprechende Offenbarung. Erst dann werden wir mit Freude unseren Anteil am Bund mit Gott übernehmen.

Leben aus vollendetem Glauben

Der Glaubende ist Gottes Werk, in Christus Jesus geschaffen zu guten Werken (vgl. Epheser 2:10) – den Werken des Glaubens. Der geistliche Mensch kann nicht anders, als im Gehorsam des Glaubens zu leben. Sein Leben gehört Jesus; er geht in dem, was Jesus macht. Er ist in Christus; und er lebt aus Christus, seiner Quelle. Sein Glaube ist der Glaube Christi. Gibt er den Zehnten, so kommt diese Glaubenstat aus Jesus in ihm hervor.

Das Zehntengeben ist Ausfluss des Glaubens. Glaube ohne Werke ist tot, gleichwie Werke ohne Glauben tot sind. Und deshalb kann gesagt werden: Wer nicht seines Glaubens gemäß handelt, bleibt im Tod. Erst das Werk vollendet den Glauben und setzt den Segen des Geglaubten frei. – Gott ruft durch den Propheten:

„Mein Gerechter wird aus Glauben leben!"

(vgl. Römer 1:17; Habakuk 2:4)

Und Paulus schreibt:

„Was nicht aus Glauben kommt, ist Sünde." (vgl. Römer 14:23)

Jede Glaubenshandlung ist die Reaktion auf eine Offenbarung Gottes und hat nicht das Geringste mit einer Pflichterfüllung oder der Einhaltung des mosaischen Gesetzes zu tun.

Abraham hatte solch eine Offenbarung. Er lebte im Glaubensbund mit Gott, nicht im späteren Bund des Gesetzes. Dieser „alte" Bund des Glaubens ist das Frühstadium des „neuen" Glaubensbundes, den Gott in Jesus Christus mit uns schloss.

Wie Abraham aus Glauben Melchisedek den Zehnten gab, sollen wir Jesus Christus den Zehnten geben. Durch den Zehnten bekunden wir vor der sichtbaren und unsichtbaren Welt: Wir gehören zu Gott, glauben ihm und erklären ihn zu unserem Versorger. Wir sind von

51

Gott abhängig und wollen in seinem Segen leben. Durch unser Geben bezeugen wir: Jesus Christus steht in unserem Leben an erster Stelle; wir dienen ihm und nicht dem Mammon. Wir wollen nicht zwei Herren dienen und außer Jesus keine anderen Götter haben.

Wir geben den Zehnten nicht, um erst noch vom Allmächtigen gesegnet zu werden, sondern weil wir die Gesegneten des Herrn sind. Alles, was zum Leben und göttlichen Wandel dient, haben wir bereits schon von ihm geschenkt bekommen (vgl. 2. Petrus 1:3+4). Wer den Zehnten aus Glauben gibt, bekundet, er hat bereits den ganzen Segen von Jesus zur freien Verfügung erhalten – und zwar wirklich alles. Solch ein Geber hat die Wahrheit über den Zehnten erkannt und lebt durch Jesus Christus im Bund mit Gott dem Vater.

Auf dem Weg zum Glauben

Gibst du den Zehnten nicht mit der Haltung, wie Abraham oder Jakob es taten, gelangst du unter den Fluch des Gesetzes – es sei denn, du gibst den Zehnten wie eine Steuer mit der Bekundung: „Ich habe keine Erkenntnis über das Geben des Zehnten. Ich gebe ihn, weil ich kein Schmarotzer sein und nicht auf Kosten anderer leben will. Heiliger Geist, bitte gib mir die nötige Offenbarung, damit ich den Zehnten aus Glauben geben kann."

Wer sich so verhält, ist kein Besserwisser, sondern demütig. Er wird von Gott das erwünschte Verständnis bekommen. Wer so betet und dabei aufmerksam liest, was in diesem Buch geschrieben steht, wird vom Heiligen Geist wahre Erkenntnis über das Geben des Zehnten erlangen.

Es ist besser, den Zehnten zu geben, um sich an den Kosten zu beteiligen, als die Gemeinde Gottes auszunutzen. Dieser Umgang mit dem Zehnten ist zwar kein Handeln aus Glauben, bewirkt aber wenigstens auch keinen Fluch.

4

Zeichen des Bundes mit Gott

Abraham kehrte aus dem Krieg gegen die Könige, welche Sodom und Gomorra geschlagen und seinen Neffen und dessen Familie verschleppt hatten, siegreich zurück. Da kam ihm Melchisedek, der Priester Gottes, mit Brot und Wein entgegen, segnete ihn und sprach:

„Gesegnet sei Abram von Gott, dem Höchsten, der Himmel und Erde geschaffen hat! Und gepriesen sei Gott, der Höchste, der deine Bedränger in deine Hand ausgeliefert hat." (1. Mose 14:19+20; EB)

Nachdem Melchisedek Abraham mit diesen Worten gesegnet hatte, gab er ihm Brot und Wein. Mit dieser Gabe sagte ihm Gott: „Alles, was mein ist, ist dein! Ich gehöre dir. Deine Feinde sind meine Feinde. Deshalb gab ich deine Gegner in deine Hand."

4.1. Abraham – Zehntengabe aus liebender Anbetung

Durch Brot und Wein deutete Melchisedek an, was Jesus Christus am Kreuz ungefähr zweitausend Jahre später für Abrahams Nachkommen und zu unserer Erlösung tun würde. Abraham verstand das Handeln Gottes durch Melchisedek. Doch die Tragweite dieses Bundes erkannte er erst später, als er seinen Sohn für Gott opfern sollte. Da erfasste er bis in die Tiefe, was Gott mit seinem eigenen Sohn vorhatte. Er sah, dieser würde vom Vater für die Sünden der ganzen Welt gegeben werden und für die Versöhnung zwischen Menschen und Gott sein Fleisch (seinen Körper) und sein Blut (seine Seele) opfern. Wie Abraham soll auch uns bei der Entgegennahme von Brot und Wein (dem Abendmahl) klar vor Augen stehen: wir essen Jesu Fleisch, trinken sein Blut und verleiben ihn uns somit ein. Sein Blut gelangt in unser Blut und sein Fleisch in unser Fleisch. Unser Blut und Fleisch werden von ihm durchdrungen. Dabei geschieht eine Vereinigung: Er ist in uns, und wir sind in ihm.

Als Jesus das Brot brach, sagte er zu seinen Jüngern:

„Das ist mein Leib, der für euch gegeben wird ..." (Lukas 22:19)

Und als er ihnen den Becher mit Wein reichte, sprach er:

„Dieser Kelch ist der neue Bund in meinem Blut, das für euch vergossen wird." (Lukas 22:20; LU)

In Christus schenkte sich Gott uns völlig. Er gab sich als Ganzopfer für unsere Erlösung. Aber das war ihm noch nicht genug. Darüber hinaus schenkte er uns alles, was wir zum Leben und göttlichen Wandel bedürfen (vgl. 2. Petrus 1:3+4).

Bündnispartner

Abraham reagierte umgehend und tat genau das Richtige, als ihm Melchisedek mit Brot und Wein entgegenkam. Er benötigte keine Belehrung über die Bedeutung dieser Handlung. Die geistlichen Zusammenhänge um Brot und Wein waren ihm bekannt. Unser Glaubensvater wusste, was zu tun war, und gab dem Priester Melchisedek, welcher ein Bild auf Jesus hin oder gar Jesus selbst war, unumwunden den Zehnten von allem (vgl. 1. Mose 14:20).

Die Begegnung mit Melchisedek bestätigte Abraham, dass er den Krieg gegen die übermächtigen Heere mit Gottes Hilfe gewonnen hatte. Er wusste, als er Brot und Wein in Melchisedeks Händen sah: „Gott ist mein Bündnispartner. Er sagt mir: Ich gehöre dir! Alles, was mein ist, das ist dein. Ich streite für dich. Ich gab dir den Sieg."

Und was tat Abraham? Er reagierte sofort. Er überlegte nicht lange oder auch gar nicht, ob er Gott den Zehnten von seiner Beute geben sollte. Abraham wollte sich Gott genauso geben, wie sich dieser ihm gegeben hatte. Und so gab er Melchisedek den Zehnten von allem. Seine Haltung dabei war: „So wie du mir gehörst, gehöre ich dir. Alles, was mein ist, das ist dein. Ich stehe für dich ein, so wie du für mich einstehst."

Geben wir Jesus Christus den Zehnten unserer Einkünfte, zeigen wir wie Abraham, wir selbst, unser ganzes Leben und alles, was wir besitzen, gehört zu einhundert Prozent Gott.

Als wir Jesus Christus ernsthaft baten, in unser Leben zu kommen und Herr unseres Lebens zu werden, gaben wir uns ihm einhundertprozentig. Das war kein Spiel, sondern unsere Reaktion auf sein Bündnisangebot. Er nahm unsere Einladung ernst und entsprach unserer Bitte. Zur Aufrichtung seiner Herrschaft in uns zog er bei uns ein. Seit diesem Zeitpunkt gehören wir nicht mehr uns selbst und schon gar nicht mehr dem Teufel. Wir wurden aus dem Machtbereich der Finsternis in das Reich des Sohnes Gottes versetzt (vgl. Kolosser 1:13).

Jetzt müssen ihm unser Leben und Besitz genauso zur Verfügung stehen, wie wir auf sein Leben und sein Eigentum Zugriff haben, damit der Bund auf beiden Seiten besiegelt ist.

Wenn du ihm dein Leben gegeben hast, gehörst du ihm, mit allem, was dein ist; das muss dir klar sein. Hast du ihm dein Leben gegeben, musst du dies unter Beweis stellen, genauso wie er dir durch Brot und Wein bestätigt hat, dass sein Leben dir gehört. Mit der Gabe des Zehnten von deinen ganzen Einkünften bezeugst du ihm: „Mein gesamtes Leben, mit allem, was ich besitze, gehört dir."

Abendmahl

Das Abendmahl zeugt davon, dass sich Jesus zuerst für uns gegeben hat. Der Herr sagte über das gebrochene Brot, es sei sein Fleisch, und über den dargereichten Wein, dieser sei sein Blut.

Wir nun bekunden mit dem Zehnten, dass wir sein sind, mit unserem Geld und all unseren Gütern. Mit dem Zehntengeben bezeugen wir ihm, unser Leben soll nicht länger uns zu eigen sein, sondern in seiner Hand. Weil sich Gott uns, mit allem, was er besitzt, schenkte, schenken wir uns ihm.

Beim Abendmahl muss uns zunehmend das Bewusstsein durchdringen, dass wir uns mit Jesus Christus vereinigen – wir essen und trinken ihn (vgl. Johannes 6:53-58).

Jesus gab sich uns ganz; nun ist es sein Wille, dass wir durch Essen seines Fleisches und Trinken seines Blutes völlig mit ihm verschmelzen. So wird er zu unserem Leben.

Andererseits geben wir uns Jesus und werden in sein Leben aufgenommen, von uns besiegelt mit der Entrichtung des Zehnten. Dieser sagt, wir gehören zu einhundert Prozent ihm. Mit dem Zehnten bringen wir dasselbe zum Ausdruck, was er uns durch das Abendmahl sagt.

Lukas berichtet von Jesu Abendmahl mit seinen Jüngern:

„Und er nahm das Brot, dankte und brach's und gab's ihnen und sprach: Das ist mein Leib, der für euch gegeben wird; das tut zu meinem Gedächtnis. Desgleichen auch den Kelch nach dem Mahl und sprach: Dieser Kelch ist der neue Bund in meinem Blut, das für euch vergossen wird!" (Lukas 22:19+20; LU)

Bei Brot und Wein verdeutlichte Jesus den Bund Gottes mit seinen Aposteln, aber auch mit allen anderen Jüngern und somit auch mit uns. Seine Seite des Bundes erfüllte er ein für allemal mit seinem Tod am Kreuz, woran uns auch die Feier des Abendmahls erinnert. Wir hingegen besiegeln diesen Bund immer wieder durch das Geben des Zehnten. Dabei wird uns ins Gedächtnis gerufen, unser Leben gehört ganz ihm.

Wahres Brot und wahrer Wein

„Ich bin das Brot des Lebens ... Ich bin das lebendige Brot, das aus dem Himmel herniedergekommen ist; wenn jemand von diesem Brot isst, wird er leben in Ewigkeit. Das Brot aber das ich geben werde, ist mein Fleisch, das ich geben werde für das Leben der Welt ... Wenn ihr nicht das Fleisch des Sohnes des Menschen esst und sein Blut trinkt, so habt ihr kein Leben in euch selbst. Wer mein Fleisch isst und mein Blut trinkt, hat ewiges Leben, und ich werde ihn auferwecken am letzten Tag; denn mein Fleisch ist wahre Speise, und mein Blut ist wahrer Trank. Wer mein Fleisch isst und mein Blut trinkt, bleibt in mir und ich in ihm."

(Johannes 6:48-57; EB)

Als Melchisedek ihm mit Brot und Wein entgegenkam, ahnte Abraham bereits, Jahrtausende später würde Gottes Sohn sein Fleisch und Blut zu unserem ewigen Leben geben. Und so nahm er das von Melchisedek angebotene Brot und den Wein. Anschließend bestätigte er den Bund mit der Gabe seines Zehnten.

Mit dem Essen von Jesu Fleisch und dem Trinken von Jesu Blut nehmen wir ihn in uns auf und werden mit ihm in Ewigkeit leben. Geben wir ihm dann den Zehnten, liefern auch wir ihm unser Leben aus. Dadurch sind wir im Bund mit dem allmächtigen Gott und somit in der Gemeinschaft des Heiligen Geistes mit dem Vater und dem Sohn. In diesem Bund ist der Vater in Jesus und in Jesus auch in uns; und wir sind in Jesus und in Jesus auch im Vater (vgl. Johannes 17:20-23).

Wir sind in den Bund eingetreten, in dem der Sohn Gottes mit seinem Vater schon ewiglich lebt, und sagen mit Jesus:

„... alles, was mein ist, ist dein, und was dein ist, mein."

(Johannes 17:10; EB)

Alle, die das Abendmahl empfangen, nehmen Jesus Christus auf und auch alles an, was dieser besitzt. Unsere Entgegnung auf dieses wertvolle, nicht zu beschreibende Geschenk Gottes kann keine andere sein als die Reaktion Abrahams: Wir geben Gott den Zehnten von allem und somit uns selbst und alles, was wir besitzen.

„Ohne jeden Widerspruch aber wird das Geringere von dem Besseren gesegnet. Und hier zwar empfangen sterbliche Menschen die Zehnten, dort aber einer, von dem bezeugt wird, dass er lebt."
(Hebräer 7:7+8; EB)

Jesus Christus segnete mich, den Geringeren, mit sich selbst (Brot und Wein); und ich segne ihn, der lebt und allmächtig ist und es nicht nötig hat, gesegnet zu werden, mit meinem Leben – durch den Zehnten meiner Einkünfte.

Der „Same Abrahams"

Wie wir bereits wissen, war Noah Gottes Zehnter und Abraham der Zehnte Noahs. Abraham war also ein Zehnter; und als Zehnter gab er dem Höchsten seinen Zehnten von allem. So wurde Abraham Gottes Beispiel für Glauben und Glaubenstat. An ihm lernen wir, aus Glauben zu leben.

Um die Vorgänge um Abraham und Melchisedek noch besser zu verstehen, kann vertiefend gesagt werden: der Zehnte, Abraham, gab den Zehnten, doch als Zehnter trug er auch den Samen in sich, in den Gottes Sohn hineingezeugt werden sollte. Jesus Christus wurde durch Maria, einer Nachfahrin Abrahams, Mensch. Bevor er jedoch ins Fleisch kam, lebte er schon von Ewigkeit her im Geist des Vaters. Seine Herkunft als Menschensohn liegt einerseits in Gott und andererseits in Adam.

Von Adam gelangte der Same bis zu Abraham, mit dem der Höchste einen Bund schloss. Durch Abrahams Nachkommenschaft über Isaak, Jakob und Juda kam dann nach Jahrhunderten Maria zur Welt, welche Gottes Sohn empfangen und gebären sollte. Der Heilige Geist befruchtete sie mit göttlichem Samen (griech. „Sperma") – dem Wort

Gottes (vgl. 1. Petrus 1:23; EB). So traf der Same Gottes auf den Samen Abrahams. Kein Geschlechtsverkehr war dafür nötig: Geist zeugte in Fleisch hinein, das Wort wurde Fleisch. So stammt Jesus Christus einerseits von Gott und andererseits von Abraham ab.

Austausch der Zehnten

Gott reichte Abraham Brot und Wein dar und somit symbolisch den kommenden Gott-Menschen: Gottes Zehnten, Jesus Christus. Als Erwiderung gaben Abraham und in ihm sein Same, durch den Gottes Sohn Mensch werden würde, ihrerseits den Zehnten.

Vom Heiligen Geist in Maria hinein gezeugt, gab Gott der gesamten Menschheit seinen Zehnten. Gott wurde Mensch, als die Zeit erfüllt war, um sich am Kreuz als Ganzopfer zu geben. Mit Jesus gab Gott für uns alles, was er ist und hat; der Zehnte steht immer für das Ganze.

Vereinigt im Bund

Gott und Abraham wollten sich einander gehören und vereinigten sich im Bund – und mit ihnen ihr Same. Das Ergebnis dieser Vereinigung wurde durch Maria sichtbar. Gottes Sohn wurde Mensch. In ihm zeigt sich: Abraham ist Gottes, und Jesus stammt von Abraham ab.

Jesus ist das Haupt der Gemeinde, die Gottes Israel nach dem Geist ist. Beide, sowohl das Israel nach dem Geist als auch das irdische Volk Israel, waren als Same in Abraham, als er sich Gott zum ewigen Besitz gab. Sie gehören Gott. Das ist der Grund, weshalb das natürliche Israel und die Christen Gottes Volk genannt werden.

Als Christen befinden wir uns nicht nur in einem direkten Bund mit Gott, sondern durch Jesus wurden wir auch in den Bund mit aufgenommen, den Gott mit Abraham und dessen Samen machte. So wie Gott Abrahams wurde und Abraham Gottes, wurde Gott in Jesus Christus auch unser und wir in ihm Gottes; dies bezeugen wir mit der Entgegennahme des Abendmahls und dem Geben unseres Zehnten.

Gottes Segen verzehnten

Jetzt gehen wir einen Schritt weiter und schauen tiefer in die Zusammenhänge von Geben und Nehmen, von Segnen und Gesegnetwerden: Melchisedek segnete Abraham und gab ihm anschließend Brot und Wein. Abraham reagierte sofort und nahm das Mahl entgegen. Dann gab er Melchisedek den Zehnten; worauf dieser den Abraham erneut segnete (vgl. Hebräer 7:6).

So ist Gottes Weg mit uns: Er segnet uns, bevor wir den Zehnten geben, und segnet uns erneut, nachdem wir den Zehnten gegeben haben. Ohne die Bereitstellung seines Segens und seiner Kraft hätte keiner von uns ein Einkommen, von welchem wir den Zehnten geben können.

Nachdem Abraham in den Bund mit dem Höchsten eingetreten war, konnte dieser ihm und seinem Samen das verheißene Land zum ewigen Besitz geben. Die ganze Erde gehört Gott. Das Land, welches er Abraham versprach, war Gottes Land – nicht das Land der Völker, die zu dieser Zeit dort ansässig waren. Er konnte das Land Kanaan übertragen, wem er wollte. So gab er es Abraham, weil dieser mit ihm im Bund stand und deshalb sein Eigentum war. Gottes Land wurde auch zu Abrahams Land; es gehörte ihnen fortan gemeinsam.

Gott wollte, dass Abraham bekundete, dieses Land gehöre ihm nicht allein. Der war damit einverstanden und gab daraufhin Gott den Zehnten, welcher ein Zeichen für das Ganze ist.

Aufgrund ihres Bundes gehörte jedem auch das des anderen. Abraham besaß, was Gottes war, und Gott konnte über das verfügen, was Abraham gehörte.

Mit Abraham wurden auch Isaak, der Sohn der Verheißung, und dessen Nachkommen Besitzer dieses Landes. Als Eigentümer sollten auch sie, wie es ihr Vater Abraham vorgegeben hatte, den Zehnten ihres Ertrages geben. Durch Geben des Zehnten musste der Bund beständig bestätigt werden, den der Allmächtige mit Abraham geschlossen hatte. Aus diesem Grund ließ der Höchste den Israeliten sagen:

„Alle Zehnten im Lande, vom Ertrag des Landes und von den Früchten der Bäume, gehören dem HERRN und sollen dem HERRN heilig sein." (3. Mose 27:30; LU)

Das Land der zehn Völker

Der Herr sprach zu Abraham:

„Deinen Nachkommen habe ich dieses Land gegeben, vom Strom Ägyptens an bis zum großen Strom, dem Euphratstrom: die Keniter und die Kenasiter und die Kadmoniter und die Hetiter und die Perisiter und die Refaiter und die Amoriter und die Kanaaniter und die Girgaschiter und die Jebusiter." (1. Mose 15:18-21; EB)

Gott gab Abraham und seinen Nachkommen ein Land, in dem zehn Völker ansässig waren. Diese waren ein weiterer Ausdruck der Zehntengabe Gottes an Abraham. Mit dieser Besitzübertragung sagte ihm der Höchste: „Das Land mit den zehn Völkern ist der Zehnte von allem, was ich dir gegeben habe. Ich habe dir und deinen Nachkommen die ganze Erde – alle Völker – gegeben! Mein ist der Himmel, und mein ist die Erde. Ich gehöre dir und deinen Nachkommen. Deshalb gehört auch euch alles, was mein ist."

Jesus Christus ist der Nachkomme Abrahams, welchem die Zusagen gelten, die Gott Abraham gab (vgl. Galater 3:16). Ihm wurde die Königswürde über die Völker der Erde und den Nationen zugesagt (vgl. Offenbarung 1:5), welches noch sichtbare Realität werden wird.

Zusammen mit Israel und seiner Gemeinde wird Jesus von Jerusalem aus über die ganze Erde regieren (vgl. Offenbarung 1:6; 3:21; 1. Petrus 2:9; Matthäus 19:28; 1. Korinther 6:2).

Die Zehn ist die Zahl der Fülle. Mit den zehn Völkern im Land Kanaan übergab Gott Abraham und seinem Nachkommen Regierungsgewalt und Verantwortung über alle Völker und Nationen der Erde. Abrahams Same, der die Verheißung hat, als König über alle Könige und Herr über alle Herren zu herrschen, ist Jesus Christus.

Gleichwie Abraham mit dem Zehnten seine völlige Hingabe an Gott bekundete, bezeugte Gott mit der Gabe seines Zehnten (das Land Kanaan mit den zehn Völkern) dem Abraham: „Dir und deinem Samen soll die Erde mit allen Völkern und Nationen gehören."

Der Zehnte und Anbetung

Abraham begegnete Melchisedek mit Hochachtung, als dieser ihm nach der siegreichen Kriegsschlacht entgegen kam. Mit Brot und Wein reichte der Höchste Abraham sein Leben dar. Davon wurde dieser derart überwältigt, dass er ohne zu zögern Gott sein Leben gab, was er durch den Zehnten zum Ausdruck brachte.

Mit Freuden gab Abraham den Zehnten von allem, was er gewonnen hatte; er tat dies nicht, um eine Pflicht zu erfüllen.

Was wollte Abraham durch Geben des Zehnten zum Ausdruck bringen? Nichts anderes als Anbetung! Er brachte Gott sein Leben und gab sich ganz in Gottes Hand. Das ist wahre Anbetung. – Wer anbetet, gehört dem, den er anbetet.

Jeder, der heute aus Glauben Jesus Christus den Zehnten seines Einkommens gibt, ist wie Abraham ein wahrer Anbeter. Er bekundet seinen Glauben an Gott den Vater und dessen Sohn Jesus Christus in der rechten Haltung.

Anbeter Gottes hören auf das Wort des Herrn. Sie nehmen es in ihrem Herzen auf und glauben es. Sie lassen sich von Gottes Wort bewegen, sprechen es mit ihrem Mund und tun es.

Wahre Anbetung – Hören, Bewahren, Sprechen, Tun

Anbetung umfasst mehr, als nur während des Gottesdienstes Anbetungslieder zu singen. Wahre Anbeter sind Täter des Wortes Gottes.

Abraham tat, was er aus Gottes Wahrheit erkannt hatte, und betete mit dem Zehnten den Herrn an. Ich glaube nicht, dass Abraham aus guter Laune, weil er gerade einen Sieg errungen hatte, willkürlich den Zehnten gab. Er wusste, der Zehnte steht für das Ganze.

Anbetung beginnt mit Zuhören. Letztlich werden wir den Gott anbeten, dem wir Gehör schenken. Durch die Ohren gelangen die Worte in unser Herz. Was wir dort bewahren, wird unsere Zunge sprechen. – Jesus sagt: „Womit das Herz gefüllt ist, das redet der Mund." (vgl. Matthäus 12:34)

Was wir hören, wird die Rede unseres Mundes bestimmen; was wir sagen, werden wir unweigerlich tun. Unseren Worten folgt die Tat, welche die Anbetung vollendet.

Das Wort ist die Saat. Alle in unser Herz aufgenommenen Worte werden dort Wurzeln fassen – es sei denn, wir unternehmen etwas dagegen. Als Wort-Pflanzen wachsen sie im Herzen, reifen und bringen ihre Früchte. Unser Mund wird die gereiften Worte sprechen, und als Frucht wird die Tat hervorkommen.

Unsere Worte beten den Geist an, dessen Gedanken wir aufgenommen haben – gleich, ob es nun die Worte Gottes waren oder die Worte eines anderen Geistes. Unser Mund wird den Geist der zuvor empfangenen Worte offenbaren. In der Kraft dieses Geistes werden wir als Folge unweigerlich tun, was wir gesagt haben – es sei denn, wir reinigen unser Herz rechtzeitig durch Buße, sofern wir uns auf einem verkehrten Weg befunden haben.

Durch Zuhören öffnen wir unsere Herzen für den Samen des Wortes Gottes und lassen ihn in unsere Herzen fallen. Danach wird durch Glauben und Sprechen dieser Worte die Anbetung durch die Tat vollendet.

Liebe: Gegenseitige Anbetung

Die äußerste Form der Anbetung ist, das eigene Leben für jemanden zu geben. Dies geschieht nur aus Liebe. Wenn wir unser Leben Gott zur Verfügung stellen und für ihn hingeben, beten wir ihn an.

Gott hat uns zuerst geliebt – so sehr, dass er bereit war, in Jesus sein Leben für uns zu verlieren. Gottes Sohn gab sein Leben für uns auf; er stellte uns über sich. Im Grunde betete er uns durch seine Hingabe an – und das, als wir noch seine Feinde waren.

Dies scheint auf den ersten Blick unfassbar. Der Gedanke ist kaum zu ertragen. Aufgrund von religiöser Prägung und, weil wir Gott und seine Liebe nur wenig kennen, können wir das Ausmaß seiner Wertschätzung kaum begreifen.

Durch Jesus wurden wir zu Kindern Gottes. Nun ist Gott unser Vater. Er liebt uns, wie ein Vater seine Kinder anbetet und bereit ist, sein Leben für sie einzusetzen. Wir hingegen lieben und anbeten Gott als unseren Vater.

Diese gegenseitige Anbetung beseitigt den Gedanken, Gott wäre darauf aus, hoch thronend von einigen elenden Menschen angebetet zu werden, damit es ihm besser ginge und er sich dann als gnädig erwiese. Noch ehe wir ihn anbeteten, hatte er schon sein Leben für uns aufgegeben und damit uns angebetet. Wie alle anderen Gaben, die wir Gott darreichen, ist auch die von uns dargebrachte Anbetung eine Erwiderung auf sein Wirken.

Die Gemeinschaft mit dem Allerhöchsten und seinem Sohn Jesus Christus besteht aus Geben und Nehmen; es ist eine gegenseitige liebevolle Anbetung. Nur, Gott hört nicht auf unsere Ideen, es sei denn, es sind seine Worte, die wir ihm sagen. Als seine Kinder müssen wir uns nach ihm richten, nicht er nach uns. Tun wir, was der Vater sagt, anbeten wir ihn.

Ich gehöre dir

Bevor Abraham sich mit seinem ganzen Leben Gott überlassen und ihm seine Hingabe anbetend durch Entrichtung des Zehnten bekräftigen konnte, bezeugte ihm Melchisedek durch Brot und Wein Gottes Liebe. Gott hatte sich ihm bereits gegeben – mit seinem ganzen Sein und allem Besitz. Wie bei Abraham gab sich Gott in Jesus auch allen anderen Menschen zuerst. Er hat uns zuerst geliebt.

Abraham sah Brot und Wein in Melchisedeks Händen und deutete dieses prophetische Zeichen richtig. Ihm wurde offenbar, was Gott durch seinen Sohn Jesus Christus für ihn, für seine Nachkommen und für alle anderen Menschen tun würde. Er erkannte den tieferen Sinn der heiligen Handlung und nahm dieses Mahl entgegen.

Durch Brot und Wein sprach Gott zu Abraham: „Ich liebe dich! Ich gebe dir mein ganzes Leben. Ich stehe für dich ein. Ich anbete dich; ich gehöre dir."

Und durch den Zehnten bekundete Abraham dem Höchsten, dass auch er ihm sein Leben rückhaltlos gab. Er sagte damit: „Ich liebe dich, wie du mich liebst! Ich gebe dir mein ganzes Leben, wie du mir deins gegeben hast. Ich stehe für dich ein, so wie du für mich einstehst. Ich bete dich an; was ich besitze, gehört dir."

In seinem Blut hat Jesus einen neuen Bund begründet. Die Zeichen, welche er uns entgegenbringt, entsprechen denen des Bundes, den Gott durch Melchisedek mit Abraham schloss. Sie sagen uns dasselbe wie zu Abraham: Gott hat sich uns ganz gegeben, mit seinem ganzen Besitz.

Ohne Frage ist die von uns erwartete Reaktion, sich aus Liebe Gott ganz hinzugeben. Das biblische Symbol völliger Selbstaufgabe ist der Zehnte, den wir nun Jesus Christus darreichen. Wer den Zehnten gibt, bezeugt wahre Hingabe an den Sohn Gottes.

Einheit im Geist

Von Ewigkeit her lebte der Sohn Gottes in inniger Beziehung mit seinem Vater. In diese Intimität wurden wir durch Jesu Tod und Auferstehung mit hineingenommen.

So wie Jesus Christus im Vater ist, lebt der Vater in ihm; beide sind völlig eins (vgl. Johannes 17:21). Der Sohn hört auf den Vater und macht, was der Vater sagt; und der Vater hört auf den Sohn und macht, was der Sohn sagt, weil der Sohn nichts anderes sagt und macht, als das, was der Vater ihm gegeben hat.

Der Vater betet den Sohn an und der Sohn den Vater. Durch Christus leben nun auch wir in dieser Einheit. Jesus sagte zum Vater:

„Wie du, Vater, in mir bist und ich in dir, so sollen auch sie in uns sein ... ich in ihnen und du in mir, damit sie vollkommen eins seien ..." (Johannes 17:21+23; LU)

Jetzt leben der Vater und der Sohn in ihrer vollkommenen, innigen Beziehung nicht mehr alleine. Du und ich, die wir an den Namen Jesus Christus glauben, sind in diese Einheit aufgenommen worden. Wie Jesus vollkommen im Vater lebt und der Vater vollkommen in ihm, so leben nun auch wir in Jesus und durch ihn im Vater, und Jesus und der Vater in uns. Wir alle, die an den Namen Jesus glauben und sein Blut für die Reinwaschung von unseren Sünden angenommen haben, sind völlig eins mit Gott. „... denn wie er ist, so sind auch wir in dieser Welt." (1. Johannes 4:17; LU)

Jetzt hören wir in Jesus auf den Vater und machen mit Jesus, was der Vater sagt; und der Vater hört auf uns und macht, was wir sagen, weil wir zuvor auf ihn gehört haben und entsprechend handeln. – Das ist gegenseitige, wahre Anbetung!

Die wahre Anbetung geschieht im Geist. Wer glaubt, Jesus ist der Christus, wurde aus Gottes Geist geboren (vgl. 1. Johannes 5:1) und ist Geist geworden. Er ist Teil der Einheit, die zwischen dem Vater, dem Sohn und dem Heiligen Geist besteht. Als Geist beten wir Gott seinem Wesen entsprechend an.

Die Einheit von Geist und Seele

Im Geist befinden wir uns in Gemeinschaft mit Gott, der Geist ist. Unsere Seele soll jedoch nicht außen vor bleiben. Auch sie ist gerufen, in die Einheit des Geistes hineinzukommen und in Gott zu leben. Doch um geistlich zu werden und im Geist leben zu können, muss sie geheiligt werden.

Als Söhne Gottes sind wir im Geist mit Jesus und dem Vater eins. Dies kann unsere Umgebung erst im Laufe unserer Nachfolge Christi wahrnehmen – in dem Maße, wie unsere Seele durch Heiligung geistlich wird. Unsere Seele wird immer Seele bleiben, doch sie soll rein werden und die Früchte des Geistes tragen.

Das Blut Jesu, Gottes Wort und der Heilige Geist reinigen und heiligen die Seele. So wird sie geistlich ohne Flecken und Runzeln, damit sie als Braut Jesu Christi herrlich erscheint und ihm ebenbürtig ist. Auf diesem Weg gelangt unsere Seele in die Einheit des Geistes mit Jesus und dem Vater.

Aus Liebe zu Gott

Abraham erkannte den Schöpfer der Himmel und der Erde als Quelle seines Lebens und als seinen Versorger. Er betete ihn an und gab ihm den Zehnten von allem. Abraham verweigerte seinem Schöpfer den Zehnten nicht; er wusste, als Besitzer des Himmels und der Erde gehört Gott alles. Deshalb folgerte er: Auch ich gehöre ihm, mit allem, was ich besitze. Liebe zu Gott und Einsicht in die tatsächlichen Besitzverhältnisse bewogen ihn, dem Allmächtigen den Zehnten von allem zu geben. Abraham gestand ein, dass er nicht sich selbst, sondern Gott gehörte. Ihm war völlig klar, Zehntengeben und Anbetung sind nicht voneinander zu trennen.

Abraham gab den Zehnten nicht aufgrund von Gesetz und auch nicht als Steuer. Er entrichtete den Zehnten, weil Gott sich in Liebe ihm ganz gegeben hatte. Auch Abraham liebte Gott und wollte seinen Teil des Bundes erfüllen. Er gab den Zehnten als Zeichen für das Ganze, verbündete sich so mit Gott und betete ihn an.

4.2. Jakob – Zehntengabe für den Bau des Hauses Gottes

Jakob war der Sohn Isaaks und der Enkel Abrahams. Wie seine Väter lebte auch er nicht unter dem mosaischen Gesetz. Erst viel später gab Gott dieses Gesetz dem Mose, der aus der großen Nachkommenschaft Jakobs hervorkam. Im Folgenden wollen wir die Begebenheit betrachten, die Jakob dazu veranlasste, Gott den Zehnten zu versprechen:

„Und Jakob zog aus von Beerscheba und ging nach Haran. Und er gelangte an eine Stätte und übernachtete dort; denn die Sonne war schon untergegangen. Und er nahm einen von den Steinen der Stätte und legte ihn an sein Kopfende und legte sich nieder an jener Stätte. Und er träumte: und siehe, eine Leiter war auf die Erde gestellt, und ihre Spitze berührte den Himmel; und siehe, Engel Gottes stiegen darauf auf und nieder. Und siehe, der HERR

stand über ihr und sprach: Ich bin der HERR, der Gott deines Vaters Abraham und der Gott Isaaks; das Land, auf dem du liegst, dir will ich es geben und deiner Nachkommenschaft. Und deine Nachkommenschaft soll wie der Staub der Erde werden, und du wirst dich ausbreiten nach Westen und nach Osten und nach Norden und nach Süden hin; und in dir und in deiner Nachkommenschaft sollen gesegnet werden alle Geschlechter der Erde. Und siehe, ich bin mit dir, und ich will dich behüten überall, wohin du gehst, und dich in dieses Land zurückbringen; denn ich werde dich nicht verlassen, bis ich getan, was ich zu dir geredet habe. Da erwachte Jakob aus seinem Schlaf und sagte: Fürwahr, der HERR ist an dieser Stätte, und ich habe es nicht erkannt! Und er fürchtete sich und sagte: Wie furchtbar ist diese Stätte! Dies ist nichts anderes als das Haus Gottes, und dies die Pforte des Himmels. Und Jakob stand früh am Morgen auf und nahm den Stein, den er an sein Kopfende gelegt hatte, und stellte ihn auf als Gedenkstein und goss Öl auf seine Spitze. Und er gab dieser Stätte den Namen Bethel. Im Anfang jedoch war Lus der Name der Stadt. Und Jakob legte ein Gelübde ab und sagte: Wenn Gott mit mir ist und mich behütet auf diesem Weg, den ich gehe, und mir Brot zu essen und Kleidung anzuziehen gibt und ich in Frieden zurückkehre zum Haus meines Vaters, dann soll der HERR mein Gott sein. Und dieser Stein, den ich als Gedenkstein aufgestellt habe, soll ein Haus Gottes werden; und alles, was du mir geben wirst, werde ich dir treu verzehnten."

(1. Mose 28:10-22; EB)

Der Allmächtige offenbarte sich Jakob erstmals in Lus – und das sehr eindrücklich. Er sprach sinngemäß zu ihm: „Ich bin dein Gott, ich versorge und beschütze dich. Ich bin für dich da und trete für dich ein. Mein Leben ist dein Leben; ich gebe mich dir. Ich verlasse dich nicht."

Jakob erschrak, als ihm der Höchste mit diesen Worten erschien. Doch er willigte in den ihm angebotenen Bund ein, den Gott schon zuvor mit seinem Großvater Abraham geschlossen hatte. Er bekundete dem Höchsten im Gegenzug: „Und ich bin für dich da. Ich gehöre dir. Mit allem, was ich habe und bin, bin ich dein. Ich gebe dir den Zehnten von allem, was du mir gibst."

Jakob war von seinen Eltern und Großeltern gut gelehrt worden. Nachdem Gott im Traum zu ihm gesprochen hatte, wusste er genau, was zu tun war. Nicht zufällig wurde Jakob Gottes Bündnispartner und erkannte den von ihm zu erfüllenden Teil dieses Bundes. Er hatte Offenbarung über den Zehnten und gab ihn mit Freuden. – Auch wir benötigen eine persönliche, lebensverändernde Begegnung mit Jesus Christus und frische Erkenntnis über den Zehnten, um diesen voller Freude zu geben.

Beeindruckt von der gewaltigen Begegnung mit Gott entschied sich Jakob, genau an diesem Ort Gott ein Haus zu bauen. Er nannte die Stätte, die bis zu diesem Zeitpunkt Lus („abschweifen") hieß, in Bethel („Haus Gottes") um.

Das Haus Gottes

Jakob handelte wegweisend. Nachdem er aus dem Schlaf erwacht war, nahm er den Stein, auf welchem er mit dem Kopf gelegen hatte, errichtete ihn als einen Gedenkstein und goss Öl auf dessen Spitze. Jakob verlieh dieser Stätte den Namen „Bethel" und sagte: „Gott, wenn du mit mir bist, soll aus diesem Steinmal ein Haus Gottes werden. Und alles, was du mir gibst, werde ich treu verzehnten."

Alle Berichte der Bibel beinhalten einen tiefen Sinn. Da Gottes Wort im Ganzen betrachtet werden muss und alles in ihm zusammenhängt, kann die Geschichte Jakobs auch in bezug zur Gemeinde Jesu gedeutet werden.

Der von Jakob gesalbte Stein ist ein Symbol für Christus. Dies ist ein Bild für den Stein, den die Bauleute verworfen haben und der zum Eckstein wurde (vgl. Matthäus 21:42). Paulus sagt in einem anderen Zusammenhang: „Der Fels aber war der Christus." (1. Korinther 10:4; EB)

Petrus antwortete auf die Frage Jesu, „Was sagt ihr, wer ich bin?“:
„Du bist der Christus, der Sohn des lebendigen Gottes.“ (Matthäus
16:16; EB) Worauf Jesus erwiderte: „Glückselig bist du, Simon, Bar
Jona; denn Fleisch und Blut haben es dir nicht geoffenbart, sondern
mein Vater, der in den Himmeln ist. Aber auch ich sage dir: Du bist
Petrus, und auf diesem Felsen werde ich meine Gemeinde bauen,
und des Hades Pforten werden sie nicht überwältigen.“ (Matthäus
16:17+18; EB)

Jesus sagte, er würde seine Gemeinde auf dem Felsen bauen. Der
eigentliche Fels ist er selbst – Christus, der Gesalbte. In diesem
Zusammenhang kann irritieren, dass auch der Name Petrus „Stein“
oder „Fels“ bedeutet. Eine kirchliche Richtung hat fälschlicherweise
gefolgert, Petrus sei der Fels, auf dem Jesus seine Gemeinde bauen
würde. Doch die Gemeinde ist auf Christus, dem Felsen, gegründet.
Petrus hingegen ist nur ein Stein aus dem Felsen, welcher Christus ist.
Jesus hat Petrus zum Bau der Gemeinde eingesetzt, weil dieser vom
Vater die Offenbarung angenommen hatte, dass Christus – der Sohn
Gottes – der Fels war. Und so wurde auch Petrus in Christus zu einem
Felsen.

Petrus selbst schreibt, dass Jesus der lebendige Stein ist, zu dem wir
glaubend kommen, und der Eckstein, auf den wir aufgebaut werden
(vgl. 1. Petrus 2:4.6). – Der Herr erbaut seine Gemeinde auf sich als
dem Fundament und auf allen, welche die felsenfeste Offenbarung
von Jesus als dem Christus haben.

Christus ist der gesalbte Sohn Gottes. Er ist der mit Heiligem Geist
gesalbte Fels. Jakob salbte zeichenhaft den Stein, auf dem er geschlafen
hatte, mit Öl – ein Symbol für den Heiligen Geist. An diesem Stein,
dem bildhaften Christus, war er im Traum Gott begegnet. Durch
Christus ist der Himmel offen.

Fels und Öl müssen zusammenkommen. Aus dem von Jakob
gesalbten Stein sollte ein Haus Gottes werden. Christus will seine
Gemeinde, welche das Haus Gottes ist, gemeinsam mit dem Heiligen

Geist bauen. In diesem Haus sind alle an Jesus Gläubigen wie Petrus gesalbte Steine. Mit Jesus als Haupt bildet die Gemeinde insgesamt den Christus (vgl. 1. Korinther 12:12).

Wir kamen zu dem lebendigen Stein, den Gott auserwählt hat und der ihm kostbar ist. Durch diesen Stein wurden wir an Jesus glaubend selbst zu lebendigen Steinen – zu Kindern Gottes. Nun lassen wir uns als lebendige Steine zu einem Haus im Geist zusammenfügen (vgl. 1. Petrus 2:4+5).

Zwischen Jakobs Begegnung mit Gott und unserer Begegnung mit Jesus gibt es eine erkennbare Verbindung. Wo Jesus ist, da ist der Himmel offen. Wer Jesus begegnet ist und sich zu ihm gewandt hat, will, dass andere Menschen das Evangelium hören. Auch aus ihnen sollen lebendige Steine für den Bau des Hauses Gottes werden. – Alle, die das erfassen, werden wie Jakob von allem, was Gott ihnen gibt, den Zehnten geben wollen.

Aus Jakobs Geschichte lernen wir, die Gemeinde Jesu ist das Haus Gottes. Unter einem offen Himmel soll sie in der Salbung des Heiligen Geistes gebaut werden. Für den Bau dieses Hauses geben wir uns als lebendige Steine ganz ein. Dies bezeugen wir, indem wir hierfür den Zehnten unseres Einkommens geben.

Lebte Jakob heute, würde er ganz bestimmt mithelfen, die Gemeinde Jesu zu bauen, und dafür den Zehnten seiner Einkünfte geben. Jakobs Gotteserlebnis und seine Reaktion auf die Begegnung mit dem Höchsten weisen uns prophetisch den Weg.

4.3. Die Leviten – Zehntengabe für die Priester

„Denn dieser Melchisedek, König von Salem, Priester Gottes, des Höchsten, – der Abraham entgegenging und ihn segnete, als er von der Niederwerfung der Könige zurückkehrte, dem auch Abraham den Zehnten von allem zuteilte – heißt übersetzt zunächst König

der Gerechtigkeit, dann aber auch **König von Salem, das ist König des Friedens.** **Ohne Vater, ohne Mutter, ohne Geschlechtsregister, hat er weder Anfang der Tage noch Ende des Lebens, er gleicht dem Sohn Gottes und bleibt Priester auf immerdar.**" (Hebräer 7:1-3; EB)

Hier wird uns gesagt, Melchisedek gleicht dem Sohn Gottes und bleibt Priester in Ewigkeit. Abraham und der Glaubensbund stehen für die Gemeinde Jesu und das Neue Testament. So wie Abraham aus Glauben Melchisedek den Zehnten gab, sollen auch wir jetzt aus Glauben Jesus den Zehnten geben.

Abrahams Nachkommen geben den Zehnten

Im Brief an die Hebräer heißt es weiter:

„Schaut aber, wie groß dieser ist, dem Abraham, der Patriarch, den Zehnten von der Beute gab. Und zwar haben die von den Söhnen Levi, die das Priestertum empfangen, ein Gebot, den Zehnten von dem Volk nach dem Gesetz zu nehmen, das ist von ihren Brüdern, obwohl auch die aus der Lende Abrahams hervorgegangen sind."
(Hebräer 7:4; EB)

Dieser Vers fordert uns dazu auf, Melchisedek zu betrachten, damit wir etwas von dessen Größe und Herrlichkeit erkennen. Der Zehnte wird immer „einer höher gestellten Person" gegeben, die uns segnen kann. Sehen wir, wie großartig Jesus ist, können wir beim Geben des Zehnten den Wert dieser Handlung erfassen.

Abraham lebte zur Zeit des Alten Testamentes, lange vor Einführung des mosaischen Gesetzes. Das mosaische Gesetz stand keineswegs im Mittelpunkt bevor Jesus Mensch wurde. Es kam hinzu, um die Schwäche des fleischlichen Menschen aufzuzeigen.

Die Leviten waren der Stamm Jakobs, der mit den praktischen Arbeiten am Haus Gottes und dem priesterlichen Dienst betraut war.

Sie konnten den Zehnten erst entgegennehmen, als das Gesetz durch Mose eingeführt wurde. In dem Gesetz traten die Leviten an die Stelle Melchisedeks und die Israeliten an die Stelle Abrahams.

Doch die Leviten haben den Zehnten nicht nur empfangen, sondern auch gegeben: In dem angeführten Bibelvers wird uns abschließend gesagt, die Leviten waren in Abraham, als Abraham dem Melchisedek den Zehnten gab. Somit haben auch die Leviten bereits mit Abraham den Zehnten gegeben und bekundet: „Gott, unser Leben gehört dir! Wir sind mit dir im Bund. Alles, was unser ist, ist dein; und alles was dein ist, ist unser. Du gabst uns Brot und Wein; und wir geben dir den Zehnten von allem."

Die Leviten gaben den Zehnten nicht nur mit Abraham, als sie noch in ihm waren. Sie gaben ihn auch später, als sie geboren und mündig geworden waren. Auch die Leviten sollten bekennen, dass sie nicht sich selbst gehörten.

Durch Glauben befinden wir uns nun in Jesus, dem Nachkommen Abrahams, und sind dadurch auch zu Kindern Abrahams geworden (vgl. Galater 3:16).

Obwohl Abraham den Zehnten gegeben hatte, entrichteten auch seine Kinder, einschließlich der Leviten, ihrerseits den Zehnten. In gleicher Weise geben wir Christen den Zehnten, obwohl Jesus den Zehnten (sein ganzes Leben) gegeben hat. Jeder gibt den Zehnten als Glaubenshandlung selbst. Das Geben des Zehnten ist kein „Gesetz, das Jesus für uns erfüllt hat" und auch kein „Fluch, den Jesus für uns auf sich nahm." – Abrahams Kinder geben Gott ihren Zehnten.

Für den Dienst an Gott

Wenn Abraham Gott gehört, gehören diesem auch seine Nachkommen – die Stämme Israels und die Glaubenden an Jesus Christus. Diese Tatsache müssen sie durch das Geben des Zehnten in das Haus Gottes bekunden. Für die Israeliten war Gottes Haus der

Tempel in Jerusalem, in dem der Stamm Levi den Dienst verrichtete. Der Zehnte des Volkes sollte Levi dabei zum Lebensunterhalt zur Verfügung stehen. Für die Christen ist das Haus Gottes die Gemeinde Jesu. Heute wird der Zehnte dorthin gegeben, damit die Gemeinde ihren Dienst ausüben kann.

Im mosaischen Gesetz legte Gott fest, der Stamm Levi sollte den Zehnten vom Volk empfangen, damit er am Haus Gottes dienen konnte. Doch wurde er mit dem Zehnten auch belegt. Von dem empfangenen Zehnten musste er einem Zweig seines Stammes, der aaronitischen Priesterkaste, den Zehnten geben, damit dieser hohepriesterlich im Haus Gottes dienen konnte.

Die Leviten waren für die Arbeit am Tempel zuständig. Solange wir auf Erden die Gemeinde Jesu mitbauen, entrichten auch wir den Zehnten. Ist unser Lauf auf Erden vollendet, so reihen wir uns in die Wolke der Zeugen mit ein, die vom Himmel aus für die Gemeinde priesterlich eintritt.

Schon jetzt sind wir im Geist Priester vor Gott – wie die aaronitischen Leviten es beispielhaft waren. In Vollendung werden wir diesen priesterlichen Dienst allerdings erst später ausführen. Wie Aaron, der in diesem Zusammenhang ein Bild auf Jesus hin ist, werden wir mit Jesus priesterlich dienen – und wie Aaron dann keinen Zehnten mehr entrichten.

Als Christen sind wir wie beide. Auf Erden arbeiten wir wie die Leviten am Haus Gottes (dies schließt z.B. Reparaturen des Gebäudes mit ein) und geben den Zehnten. Doch im Geist sind wir auch schon jetzt an himmlische Orte versetzt, dienen priesterlich wie Aaron und seine Nachkommen im Haus Gottes und empfangen den Zehnten für das Haus Gottes, welches wir sind.

Wer von uns sich dafür entscheidet, hier auf Erden keinen Zehnten zu zahlen, hat im Grunde mit dem Bau des Königreiches Gottes schon abgeschlossen. Er sieht nur die eine Seite der Wahrheit.

Die Leviten stehen bildhaft für unsere Seele, und der Levit Aaron für den Geist. Die Seele soll dem Geist den Zehnten geben; sie dient Gott, der Geist ist. Ist die Seele in vollkommene Einheit mit dem Geist gelangt – dies geschieht spätestens bei der Entrückung – wird auch sie keinen Zehnten mehr entrichten. Dann hat sie sich selbst als Zehnten Gott völlig hingegeben. Im Himmel gibt keiner mehr den Zehnten.

Gott geerbt

Die Leviten waren dazu bestimmt, stellvertretend für ganz Israel Gott zu dienen. Wie Abraham sollten sie vor Gott bekunden: „Du bist unser, und wir sind dein." Deshalb entrichteten sie an die aaronitischen Priester den Zehnten – von allem, was sie vom Volk empfangen hatten.

Der Höchste wollte, dass der ganze Stamm Levi in Abhängigkeit von ihm lebte. Deshalb sollte er von den anderen Stämmen Israels, die wie er Gott gehörten, den Zehnten empfangen. Gott nahm sich die Söhne Levi zum Erbe; und die Leviten erbten Gott.

„Und der Herr sprach zu Aaron (der zu dieser Zeit der Hohepriester war): In ihrem Land sollst du kein Anteil in ihrer Mitte haben; ich bin dein Anteil und dein Erbe inmitten der Söhne Israel. Und siehe, den Söhnen Levi habe ich den gesamten Zehnten in Israel zum Erbteil gegeben für ihre Arbeit, die sie verrichten, die Arbeit für das Zelt der Begegnung." (4. Mose 18:20+21; EB)

Aaron ist ein Bild für Jesus, dem Hohepriester nach der Ordnung Melchisedeks. Mit seinem ganzem Leben steht er vor Gott für das Volk ein; er gehört ihm.

Die **Leviten** gaben ihren Zehnten Aaron und seiner Familie. Damit bekundeten sie: wir gehören Aaron. So gehörten die Leviten mit Aaron Gott.

Das **Volk Israel** entrichtete den Zehnten an die Söhne Levi. Deshalb gehörte das Volk den Leviten, und mit ihnen auch Aaron und Gott.

Gott gab sich als Anteil und Erbe dem Aaron – er gehörte Aaron. Aaron gab sich für die Leviten und die anderen Stämme des Volkes. Mit ihm gehörte Gott den Leviten und dem restlichen Volk. Und so hatte ganz Israel mit Aaron und den Leviten Gott geerbt.

Der Höchste gab sich dem Volk durch das Priestertum. Er ließ es wissen: mit allem, was er hatte, gehörte er ihm; in gleicher Weise war das Volk Eigentum des Höchsten – mit allem, was es besaß.

Gott gibt den Zehnten

Der Allmächtige sprach zu Mose:

„Denn den Zehnten der Söhne Israel, den sie dem HERRN als Hebopfer abheben, habe ich den Leviten zum Erbteil gegeben; darum habe ich von ihnen gesagt, dass sie inmitten der Söhne Israels kein Erbteil (Land als Erbe) **besitzen sollen."** (4. Mose 18:24; EB)

Mit den Leviten stand Gott auf besondere Weise im Bund. Der Höchste sagte: „Den Zehnten der Söhne Israel ... habe **ich** den Leviten zum Erbteil gegeben."

Gott ließ den ihm zustehenden Zehnten an die Leviten entrichten. Er gab den Zehnten und bekundete den Söhnen Levi: „Ich gehöre euch! Alles, was mein ist, ist euer. Ich bin euer Erbe. Ihr dürft von mir nehmen, was ihr wollt."

„Und der HERR redete zu Mose und sprach: Und zu den Leviten sollst du reden und zu ihnen sagen: Wenn ihr von den Söhnen Israel den Zehnten nehmt, den ich euch von ihnen als eurer Erbteil gegeben habe, dann sollt ihr davon ein Hebopfer für den HERRN abheben, den Zehnten von dem Zehnten ... So sollt auch ihr ein Hebopfer für den HERRN abheben von allen euren Zehnten, das ihr von den Söhnen Israel nehmt, und davon das Hebopfer für den HERRN Aaron, dem Priester geben." (4. Mose 18:25+26+28; EB)

Der Höchste gab den Leviten den Zehnten des Volkes als Erbteil und bezeugte dadurch, dass er und das Volk ihnen gehört. Und mit dem Geben ihres Zehnten wiederum bezeugten die Leviten, dass sie den Priestern und Gott gehörten.

Solange Gottes Volk und die Leviten das Geben des Zehnten befolgten, wurden sie wie Abraham gesegnet, welcher Gott aus Glauben den Zehnten gegeben hatte.

4.4. Warum geben Christen den Zehnten?

1. Eintritt in die Ruhe

Noah, die „Ruhe", war Gottes Zehnter. Das Geben des Zehnten ist Teil unseres Weges, in die Ruhe zu gelangen. Nur der Glaubende, der dem Wort Gottes gehorsam folgt, gelangt in Gottes Ruhe (vgl. Hebräer 4:3). Oder anders gesagt: Wer aus Glauben in Gottes Ruhe eingeht, gibt auch den Zehnten. Noah und seine Geschichte sind Sinnbild für den Eintritt in die Ruhe der Gegenwart Gottes und somit für den Eintritt in die Herrlichkeiten des in uns wohnenden Christus.

Gottes Zehnter an uns ist Jesus Christus; er ist der eigentliche Noah. Auch ist er die Tür zur Ruhe Gottes. Durch diese Tür müssen wir in das Reich Gottes einziehen, damit wir zu Bürgern dieses Reiches werden. Es gibt keine andere Tür dort hinein. Wer ein Bürger des Reiches der Himmel geworden ist, wird nach den Ordnungen dieses Reiches handeln. Er tut, was Gottes Wort ihm offenbart. Er gibt wie Gott den Zehnten!

2. Er gehört dem Herrn

Der zehnte Teil des Einkommens gehört dem Herrn! Dies galt für Abraham und für seine Nachkommenschaft, dem Volk Israel, zur Zeit des mosaischen Gesetzes, und dies gilt auch für jeden, der aus Glauben an Jesus Christus lebt.

Wer aus dem Volk Israel zur Zeit des mosaischen Gesetzes Gott den Zehnten vorenthielt und somit den Leviten ihr Erbe, war ein Dieb. Genau das ist auch ein Christ, der dem Herrn und den Bauleuten seines Reiches den Zehnten vorenthält. – Jedenfalls jener, der Offenbarung über das Geben des Zehnten erhalten hat und diesen aus Glauben mit Freuden geben könnte.

Christen gehören dem Herrn und nicht mehr sich selbst; und mit ihnen auch alles, was sie besitzen. Deshalb sollen sie es durch Geben des Zehnten bezeugen. Der Zehnte ist nicht Eigentum der Christen; er gehört dem Herrn, dem die Christen gehören.

Nach und nach ließ das Volk Israel davon ab, den Zehnten in voller Höhe in Gottes Brothaus zu bringen. Durch den Propheten Maleachi forderte der Höchste sein Volk deshalb auf:

„Kehrt um zu mir! Und ich kehre um zu euch, spricht der HERR der Heerscharen. Ihr aber sagt: ‚Worin sollen wir umkehren?' Darf ein Mensch Gott berauben? Ja, ihr beraubt mich! – Ihr aber sagt: ‚Worin haben wir dich beraubt?' Im Zehnten und Hebopfer. Mit dem Fluch seid ihr verflucht, mich aber beraubt ihr weiterhin, ihr, die ganze Nation! Bringt den ganzen Zehnten in das Vorratshaus (Brothaus), damit Nahrung in meinem Haus ist! Und prüft mich doch darin, spricht der HERR der Heerscharen, ob ich euch nicht die Fenster des Himmels öffnen und euch Segen ausgießen werde bis zum Übermaß! Und ich werde um euretwillen den Fresser bedrohen, damit er euch die Frucht des Erdbodens nicht verdirbt und damit euch der Weinstock auf dem Feld nicht fruchtleer bleibt, spricht der HERR der Heerscharen." (Maleachi 3:7-11; EB)

Israel wurde zum Dieb, als es das Gesetz Gottes vernachlässigte und aufhörte, dem Höchsten den Zehnten zu geben. Es behielt für sich, was dem Allmächtigen gehörte; es beraubte Gott. Fluch war die Konsequenz! Der Fresser fraß, und Israel konnte nicht mehr genügend Ertrag erarbeiten. Möglicherweise betete das Volk in der hausgemachten Notlage und verlangte nach Gottes Segen. Worauf der Herr antwortete und dem Volk sagen ließ, es solle umkehren und ihm wieder den Zehnten des Einkommens geben. Dann könne er des Himmels Fenster erneut öffnen und Segen im Übermaß auf sie herabschütten.

3. Glaube, der durch uns lebt

Das mosaische Gesetz besagt: Du musst erst etwas tun und wirst dann gesegnet. In bezug zum Zehnten heißt dies: Du musst erst den Zehnten geben, um des Himmels Fenster zu öffnen und Segen zu bekommen.

Das Gesetz des Glaubens dagegen sagt: Du brauchst gar nichts aus dir heraus zu tun, um dem Herrn zu gefallen und gesegnet zu werden. Höre nur auf Gottes Wort, damit es Glauben in dir bewirkt und dieser Glaube durch dich leben kann. Du wirst durch Glauben gerecht und deshalb auch durch ihn gesegnet. Bist du durch Glauben gerecht geworden, kannst du jetzt auch ein Leben aus Glauben, also kraft des dir zuteil gewordenen Glaubens, führen. „Der Gerechte wird aus Glauben leben" (Römer 1:17; EB) und so gesegnet sein.

Wir sind vom Gesetz losgemacht. Nun benötigen wir Glauben, um Gott wohlzugefallen und seinen Segen zu erlangen. Diesen Glauben nehmen wir durch das Hören der Predigt des Wortes Gottes in uns auf. Der Glaube kommt aus der Verkündigung (vgl. Römer 10:17).

Gottes Gedanken und Wege werden uns durch das verkündigte Wort mitgeteilt und vom Heiligen Geist lebendig gemacht. Wenn wir dem Wort Gottes zuhören, werden Gottes Gedanken in uns Gestalt gewinnen und bewirken, dass wir mit Freuden seine Wege gehen wollen. – So tun wir sein Wort.

Gottes Wort ist der gute Same. Nehmen wir Gottes Wort in uns auf, füllen wir uns mit Geist und Leben, die in ihm sind. Zudem gibt uns sein Wort Erkenntnis der Gedanken Gottes und bewirkt, dass wir es nach einer gewissen Zeit einfach tun wollen. Nicht wir halten und leben das Wort aus eigener Kraft – das Wort hält und lebt uns in seiner Kraft.

Damit Gottes Wort in unseren Herzen aufgehen kann, muss es dort hineingesät werden. Es bringt erst in uns und dann durch uns Frucht. Die Kraft des Wort-Samens bewirkt in uns das Tun der Aussage des Wortes. Im wortgemäßen Handeln zeigt sich dann unser Leben aus Glauben. Wer aus Glauben lebt, handelt entsprechend Gottes Wort – ohne sich selbst an diesem Wort zu versuchen. Im Glauben ist die Kraft zur Tat!

Ist das Wort im Glaubenden aufgegangen, gewachsen und gereift, will er unbedingt tun, was der Geist dieses Wortes aussagt. Und dann lebt nicht er Gottes Wort, sondern Gottes Wort lebt ihn.

Im Zusammenhang mit dem Geben des Zehnten unserer Einkünfte heißt das: Bevor wir aus Glauben den Zehnten mit Freuden geben können, müssen wir Gottes Wort über den Zehnten in uns aufgenommen haben. In unserem Herzen bringt es als gute Saat Frucht. Diese Frucht ist die Offenbarung über das gehörte Wort. Haben wir mit Blick auf den Zehnten Einsicht erhalten, werden wir ihn kraft dieser Offenbarung mit Freuden geben.

4. Gottes eigener Glaube

Im Neuen Testament hat das Zehntengeben denselben Stellenwert wie bei Abraham, der aufgrund seines Gehorsams für uns zum Glaubensvorbild wurde. Nicht das mosaische Gesetz ist für Nachfolger Jesu maßgeblich, sondern der Glaube Abrahams, welcher Jahrhunderte zuvor lebte.

Jesus sagt: „Habt Gottes Glauben." (Markus 11:21; EB) Der Glaube Gottes ist mit seinem Wort eins. Gott glaubt seinem Wort und handelt entsprechend. Er gab uns seinen Zehnten: Jesus Christus. Abraham besaß den gleichen Glauben wie Gott und folgte diesem in seiner Tat: Er gab Melchisedek den Zehnten von allem. Abrahams Glaube ist Gottes Glaube und deshalb genauso alt wie Gott selbst, dem kein Alter zugemessen werden kann; Gottes Glaube ist wie Gott: ewig. Es gilt heute, in diesen Glauben einzutreten und entsprechend zu handeln. Dieser Glaube ist noch immer genauso wirksam wie damals. Abraham wandelte in diesem Glauben und gab Melchisedek den Zehnten – jetzt sind du und ich an der Reihe.

5. Den Segen nicht blockieren

Gehorsam wird aus Glauben geboren. Wer aus Glauben den Zehnten seines Einkommens gibt, ist ohne eigene Anstrengung gehorsam geworden. Ohne unter „fleischlichen Druck" zu leiden, gibt der Glaubende gehorsam den Zehnten. Er macht, was Gottes Wort sagt. Wer dagegen noch Zwang dabei empfindet, Gottes Wort umzusetzen, lebt nicht aus dem Glauben.

Für den Glaubenden stellt es kein Problem dar, den Zehnten zu geben. Er muss ihn nicht geben. Nein, er will ihn geben! Es ist ihm ein Herzensanliegen. Wer sich jedoch trotz seiner Offenbarungserkenntnis weigert und gegen die freudvollen Kräfte des Glaubens stellt, der Stimme des Herrn nicht gehorcht und ablehnt, seinem Glauben gemäß zu handeln, blockiert Gottes Segen. Der verheißene Segen wird ihn nicht in der Art und Weise treffen, wie Gott es gerne möchte.

„Ohne Glauben aber ist es unmöglich, ihm wohlzugefallen; denn wer Gott naht, muss glauben, dass er ist und denen, die ihn suchen, ein Belohner sein wird." (Hebräer 11:6; EB)

Wer dem Wort Gottes zuhört, nähert sich dem Höchsten. Und wer sich in die Gegenwart Gottes begibt, dem naht sich Gott (Jakobus 4:8). Gottes Wort macht den Zuhörenden zum Täter des Wortes. Der wird aufgrund seines Gehorsams vom Heiligen Geist belohnt werden.

6. Glaube und Tat gehören zusammen

„So ist auch der Glaube, wenn er nicht Werke hat, tot in sich selber." (Jakobus 2:17; LU)

Ohne die Handlung ist Glaube tot.

„Denn wie der Leib ohne Geist tot ist, so ist auch der Glaube ohne Werke tot." (Jakobus 2:26; LU)

Was nützt Elektrizität im Kabel, wenn die Lampe keine Birne hat, um zu leuchten? Und was hilft die Birne in der Lampe, wenn im Kabel kein Strom fließt? – Der Glaube benötigt die Tat; und das Werk muss aus Glauben geschehen. Die Tat ist ohne Glaube tot, so auch das Werk ohne Glauben. Glaube und Tat gehören zusammen.

Glaube und die entsprechende Handlung haben nichts mit der Einhaltung des mosaischen Gesetzes zu tun. Im Gesetz des Mose musste das Gebot ohne Glaubenskraft erfüllt werden.

Wir dagegen bekommen aus dem gehörten Wort Gottes die Kraft des lebendigen Glaubens geschenkt; die Tat wird vom Glauben hervorgebracht. Das Leben aus Glauben wird von der Gnade bestimmt und nicht von unserer Leistung, wie es das mosaische Gesetz verlangt.

„Was hilft's, liebe Brüder, wenn jemand sagt, er habe Glauben, und hat doch keine Werke? Kann denn der Glaube ihn selig machen?" (Jakobus 2:14; LU)

„... ein Täter (des Glaubens), **der wird selig sein in seiner Tat."**
(Jakobus 1:25; LU)

Wer Gottes Wort empfängt, nimmt Glauben an, durch welchen er Gottes Werke vollbringen kann. Ein Glaubenstäter wird in seiner Tat selig sein, was bedeutet, er kann durch die Tat des Glaubens die rettenden Kräfte Jesu Christi erfahren. Er leuchtet wie die Glühbirne in der Lampe, die an Elektrizität angeschlossen ist. Der Täter des Wortes des Glaubens erfüllt den Sinn seines Lebens. Er glaubt, was Gott gesagt hat, und handelt entsprechend.

Abraham ist ein Beispiel für solch ein sinnerfülltes Leben. Er glaubte dem Wort Gottes, als Melchisedek mit Brot und Wein zu ihm kam und ihm Gottes Bund brachte. Deshalb nahm er Brot und Wein entgegen und willigte in den Bund ein, in dem sich Gott ihm gab. Aber nicht nur aß und trank er und nahm Gottes Geschenk an, sondern gab als Antwort Melchisedek seine Bundesgabe, den Zehnten. Die Tat seines Glaubens bestand einerseits aus der Entgegennahme von Brot und Wein und andererseits aus dem Geben des Zehnten. Also kann gesagt werden, Glaube ist Nehmen, aber auch Geben.

Später ging Abraham in seinem Vertrauen Gott gegenüber sogar soweit, dass er bereit war, ihm seinen Sohn Isaak zu opfern; dies wurde ihm zur Gerechtigkeit gerechnet. Abraham hatte von Gott empfangen, und er wollte Gott geben, was er von diesem bekommen hatte.

Gott gibt die Saat, damit wir sie einsäen und vervielfältigt wiedererlangen können. Isaak war Abrahams Saat. Er säte sie aus, indem er Isaak opferte. Doch Gott gab Abraham seinen Sohn noch vor dessen Opferung zurück. Dem Herrn genügte Abrahams Vertrauen. Wegen seines Gehorsams machte Gott ihn durch Isaak zum Vater vieler Völker. Aufgrund seiner Glaubenshaltung wurde Abraham Freund Gottes genannt (vgl. Jakobus 2:21-24).

7. Die Vollendung des Glaubens

Der angesprochene Abschnitt des Jakobus-Briefes enthält eine der eindrücklichsten Stellen über Werke und Glauben:

„... durch die Werke ist der Glaube vollkommen geworden.“

(Jakobus 2:22; LU)

Abrahams Glaube wurde durch die dazugehörenden Werke vollkommen. Und so wird auch unser Glaube vollendet, wenn wir entsprechend handeln. Ist uns über unser Bündnis mit dem Vater Erkenntnis zuteil geworden und nehmen wir Brot und Wein beim Abendmahl entgegen, müssen wir auch unsererseits aus Glauben tätig werden und Jesus den Zehnten geben. Tun wir dies, werden wir unseren Glauben bezüglich des Abendmahls vollenden und gesegnet sein. Dies muss nicht bedeuten, dass wir den Zehnten direkt im Anschluss an das Abendmahl zu geben haben.

Wer über das Geben des Zehnten die nötige Offenbarung empfangen hat und diesen trotzdem nicht gibt, weigert sich, den Bund, den Jesus mit seinem Leben beglaubigte, selber mit seinem eigenen Leben zu besiegeln.

Der Glaube an das Werk Jesu Christi bringt Taten hervor! Wenn wir Glauben haben, aber keine Werke, leben wir an Gott vorbei und unser Glaube geht uns verloren. Um erneut Glauben zu erhalten, müssen wir wieder Gottes Wort hören und in uns aufnehmen. Der Glaube kommt aus dem Hören der Predigt und die Predigt aus dem Wort Gottes (vgl. Römer 10:17).

Unser Glaube wird durch Werke vollendet und hat die Zusage, belohnt zu werden. Eine Glaubenstat ist das Zehntengeben; auch in Bezug auf diese Art des Gebens gilt „Wer gibt, dem wird gegeben werden." (Lukas 6:38; LU)

Für unsere Nachfolge Christi ist die Glaubenstat des Zehntengebens grundlegend, denn sie steht in direktem Bezug zu unserem Bündnis mit Jesus. Er beglaubigte dieses Bündnis mit Brot und Wein (mit seinem Leben), und wir müssen es mit dem Zehnten (mit unserem Leben) gegenzeichnen. Brot und Wein sprechen von der Opferung Jesu – dem Glaubenswerk des Vaters. Er gab uns Jesu Fleisch und Blut, damit wir Vergebung unserer Sünden und Heilung von unseren Krankheiten erlangen und in seinem heiligen Bund leben können. Der von uns gegebene Zehnte bezeugt, unser Leben gehört nun Gott, und wir wollen mit Jesus in dieser Bundesbeziehung stehen. Erst das Geben des Zehnten macht unsere Glaubensbekundung in Gottes Ohren glaubhaft. Aussage und Tat müssen eine Einheit sein. Es sagt sich leicht, „Mein Leben gehört Jesus". Dies dürfen nicht nur Worte bleiben. Es muss auch gezeigt werden: das, was Jesus für mich getan hat, ist mir kostbar.

In dem Vorhaben Abrahams, seinen Sohn Isaak dem Höchsten zu opfern, können wir wiederfinden, wie Gott mit seinem Sohn Jesus Christus handelte. Er opferte ihn für Abraham, für das Volk Israel und für alle anderen Menschen – somit auch für dich und mich.

Gott gab für uns sein Leben – Jesus Christus! Nun werden alle Menschen, die an den Namen Jesus glauben, und dabei nicht allein die Nachkommen Abrahams nach dem Fleisch, mit ewigem Leben gesegnet. Abraham war bereit, Gott seinen Sohn Isaak zu opfern. Gott dagegen gab für Abraham seinen Sohn Jesus. Als Ergebnis wurden mit Abraham auch dessen Nachkommen und alle Nationen gesegnet; denn, „die aus dem Glauben sind, das sind Abrahams Kinder." (Galater 3:7; LU) Gott sagte durch die Bibel voraus, er würde die Menschen – Juden wie Heiden – durch den Glauben an sein Wort gerecht machen. Gottes Geist verkündigte Abraham: „In dir sollen alle Geschlechter gesegnet werden." (vgl. 1. Mose 12:3) Woraus der Apostel Paulus folgerte: „So werden nun die, die aus dem Glauben sind (Juden und Heiden), gesegnet mit dem gläubigen Abraham." (vgl. Galater 3:7-9; LU)

8. Freudig glauben

Wer heute, wie damals Abraham, den Zehnten aus Glauben gibt, hat Teil an dessen Segen. Für uns, die wir an Jesus Christus glauben, hat das mosaische Gesetz keinerlei Bedeutung mehr. Wir brauchen dieses Gesetz nicht zu erfüllen, wie es das Volk Israel tun musste. Jesus erfüllte das mosaische Gesetz an unserer Stelle, damit wir nun aus der Kraft des Glaubens an ihn und sein Werk leben und Gott wohlgefallen können.

Wir entrichten den Zehnten, nicht weil wir es müssen, sondern weil wir ihn glaubend gerne geben wollen und erkennen durften, Gott gab sein Leben und seinen Besitz für uns. Den Zehnten geben wir nicht aus Gesetz oder als Steuer, sondern mit Freude – wie wir ihm auch unser ganzes Leben freudig anvertraut haben. Der Zehnte ist Bündnissache, und es ist für uns undenkbar, ihn zu behalten.

9. Meins ist deins

Christen geben Jesus den Zehnten, weil sie wie Abraham mit Gott im Bund leben. Mit dem Zehnten bekunden sie, dass sie Gott gehören. Dies tat auch Abraham, als er Melchisedek den Zehnten gab.

Die Handlung Melchisedeks, der dem Abraham Brot und Wein darreichte, ist ein symbolischer Hinweis auf das Werk Jesu, der sich uns als Brot und Wein gab.

Wir Christen geben den Zehnten, weil wir erkannt haben, durch Jesus haben wir Gott geerbt und sind zudem Gottes Eigentum geworden. Deswegen sagen wir mit dem Nehmen des Abendmahls und dem Geben des Zehnten wie Jesus zum Vater im Himmel:

„Alles, was mein ist, das ist dein, und was dein ist, das ist mein."
(Johannes 17:10; LU)

Jesus hat uns nicht nur erlöst. Durch ihn wurde Gott auch zu unserem Vater. So wie der Vater den Kindern gehört, gehören die Kinder dem Vater. – Wir geben den Zehnten, um zu bekunden: als seine Kinder gehören wir ihm.

4.5. Weshalb geben einige Christen keinen Zehnten?

Viele geben den Zehnten ihrer Einkünfte deshalb nicht, weil sie keine Erkenntnis darüber haben. Sie sind über diese Wahrheit nicht unterrichtet worden.

Vermischung von Gesetz und Glaube

Dann aber gibt es viele Christen, die keinen Zehnten geben, weil sie glauben, das Geben des Zehnten sei allein Teil des mosaischen Gesetzes gewesen. Zwar denken sie richtig, was das Gesetz betrifft: Gerechtigkeit nicht durch Einhaltung des Gesetzes erlangen zu wollen, entspricht demNeuen Bund. Nur vergessen sie, oder haben es noch nicht vernommen, wir leben wie Abraham aus Glauben und haben darin den Grund, den Zehnten zu geben.

Diese Christen mögen danach trachten, Jesus im Glauben nachzufolgen. Doch in bezug zum Zehnten leben sie nicht aus Glauben, da sie ihn gar nicht geben.

Wir geben den Zehnten nicht aufgrund des mosaischen Gesetzes. Diesem Gesetz sind wir nicht unterworfen, und somit stehen wir auch nicht unter dem Fluch dieses Gesetzes.

Gott gab das mosaische Gesetz dem Volk Israel. Solange Israel nun denjenigen nicht annimmt, der es von diesem Gesetz befreit hat, muss es unter diesem Gesetz gebeugt leben. Jesus erfüllte stellvertretend für uns und alle Menschen das mosaische Gesetz. Deshalb sind nun alle, die an ihn und sein Werk glauben, von diesem Gesetz frei und von dessen Fluch erlöst (vgl. Galater 3:13).

Das Geben des Zehnten hatte ursprünglich nichts mit den Geboten des Mose zu tun. Abraham lebte, bevor Gott das Gesetz aufrichtete. Also war das Zehntengeben schon vor dem mosaischen Gesetz als Werk des Glaubens üblich. Später nahm Gott das Geben des Zehnten mit in das Gesetz auf, welches er Mose für das Volk Israel gab.

Wer diesen Zusammenhang nicht verstehen will, bringt sich unter den Verdacht, den Zehnten gern für sich behalten zu wollen. Er scheint nicht gewillt, der Versorgung Gottes Glauben zu schenken.

Sich selbst den Zehnten geben

Andere Christen geben Jesus schon lange keinen Zehnten mehr. Aufgrund ihrer Stellung als Kinder Gottes meinen sie, davon freigestellt zu sein. Sie sehen sich in Christus und fühlen sich nicht angesprochen, ihr Einkommen zu verzehnten. Sie reden sich heraus: „Gottes Kinder brauchen keinen Zehnten zu geben – Jesus ist doch in uns." (vgl. Kolosser 1:27) Sie sagen sich untereinander: „Jesus ist in mir, er ist auch in dir, und wir zusammen sind in ihm (vgl. Johannes 15:4). Wem sollen wir den Zehnten geben? Wir geben den Zehnten Jesus in uns, indem wir ihn behalten. Wir sind eins." Sie meinen: „Wenn ich den Zehnten behalte, habe ich ihn Jesus gegeben." Dabei wollen sie nicht bemerken, dass sie sich in Wirklichkeit selbst betrügen.

Gottes Wort sagt deutlich, der Zehnte muss in das Haus Gottes und somit in die Gemeinde Jesu gegeben werden (vgl. Maleachi 3:10; 1. Mose 28:20-22). Deshalb: Wer den Zehnten nicht zum Bau der Gemeinde Jesu gibt, enthält ihn Gott vor. Das Geben des Zehnten und der Ort, wohin er entrichtet werden soll, sind uns in Gottes Wort klar vorgegeben.

Ich versorge mich selbst

Solch gewiefte Christen, die sich selbst den Zehnten geben, berauben Gott und verpassen dadurch viel. Zwar ist ihr Bekenntnis in Bezug auf „Christus in uns" richtig, doch in Wahrheit sind sie nicht Jesus zentriert, sondern selbstzentriert. Sie dienen nicht dem innewohnenden Jesus, sondern sich selbst. Sie enthalten Jesus ihr Leben vor; denn wem der Zehnte gehört, dem gehört auch der Zehntengeber.

Wer sein Leben einem anderen überantwortet hat, muss entsprechend der Anordnung seines Herrn handeln. Hinsichtlich des Zehntens heißt dies: er gibt den Zehnten in die Gemeinde seines Herrn, mit welcher er nah verbunden ist. Jesus will seine Gemeinde bauen (vgl. Matthäus 16:18). Er will keine Versammlung von unabhängigen, besserwisserischen, widerspenstigen und „freischaffenden" Christen. Deshalb kann auch nur derjenige nach Gottes Willen den Zehnten geben, der sich vom Heiligen Geist in die für ihn bestimmte Gemeinde führen lässt und von dort nicht wegrennt, wenn ihm irgendetwas widerstrebt.

Jesus baut seine Gemeinde. Wir müssen dies akzeptieren und uns in die Gemeinde eingeben, in die er uns geführt hat. Wir dürfen sie nicht nach eigenem Ermessen verlassen oder einfach den Zehnten für uns behalten, wenn es mit ihr mal nicht so gut vorangeht.

Wer sich aus der Gemeinde gelöst hat, nur „besondere" Fest-versammlungen besucht und sich mit der Aussage entschuldigt: „Ich gehöre zur weltweiten Gemeinde Jesu", kann nicht in Gottes vollkommenem Plan integriert werden.

Jesus baut seine Gemeinde weltweit, und so mag es durchaus sein, dass er jemanden in eine andere Ortsgemeinde führt. Doch grundsätzlich müssen wir mit der Gemeinde Jesu am Ort bleibend verbunden sein – wie ein Ehepaar, welches sich weder in guten noch in schlechten Zeiten trennt.

Viele von denen, die an Jesus gläubig geworden sind, haben den Kern des Zehntengebens nicht verstanden; und manch einer wollte ihn bisher noch nicht verstehen.

Wer Jesus sein Leben anvertraut hat, gibt ihm auch den Zehnten seines Einkommens. Fast alle, die sich eine abstruse Lehre über das Zehntengeben gebastelt haben, wollen in Wirklichkeit den Zehnten nicht geben. Mit selbst ausgedachter Theologie versuchen sie, ihr Gewissen zu manipulieren und zu beruhigen.

Bewusst oder unbewusst nehmen sie die Haltung ein: „Ich muss für meine Familie sorgen. Dieses Geld benötige ich für bestimmte Anschaffungen, worauf ich nicht verzichten will. Doch ich darf keine

Schulden machen." Sie leben im Unglauben und behalten für sich, was Gott gehört – werden also zu Dieben. Sie enthalten Jesus ihr Leben vor und sagen im Grunde: „Gott, ich versorge mich selbst, ich vertraue dir nicht. Ich behalte, was ich habe." – Die meisten von ihnen verlassen früher oder später ihre Gemeinde mit der Begründung: „Hier ist es zu eng. Ich werde nur bedrückt. Es ist nicht zum Aushalten. Ich will mit Jesus leben, wie ich es für richtig erkenne."

Wer sich eine krause Theologie über den Zehnten konstruiert, hat sich der Wahrheit gegenüber verschlossen; sein Herz ist verhärtet. Ein verhärtetes Herz gibt nicht und empfängt nicht. Es blockiert die Entgegennahme geistlicher Güter und somit die Kräfte der zukünftigen Welt. Nur wer entsprechend der Erkenntnis Gottes gibt, kann auch empfangen.

Für jene, die den tiefen Sinn des Gebens und Nehmens nicht erfassen wollen, ist der Segen Jesu, in Brot und Wein dargereicht, nicht wirklich wertvoll. Nehmen sie das Abendmahl, ist es für sie nur eine religiöse Zeremonie, ohne jeglichen Inhalt. Sie stehen nicht im „Kreis des Bundes" von Nehmen und Geben. Deshalb können sie nicht wirklich glauben, dass Jesus durch das Abendmahl zu ihnen kommt und spricht: „Was mein ist, ist dein. Ich bin der Herr, dein Versorger!"

Jene, die Gott den Zehnten auf fadenscheinige Weise verweigern, bedenken nicht, dass ihnen der Höchste seinen Zehnten darreichte und ihnen diesen nicht vorenthielt. Sie verstehen nicht, das Geben des Zehnten muss von beiden Seiten aus geschehen: von Gott an uns und von uns an Gott.

Zehntengeben ist Bündnissache. Der Vater gab uns seinen Sohn Jesus – Brot und Wein, das Abendmahl, was in der Begebenheit mit Abraham und Melchisedek prophetisch vorgezeichnet wurde. Und wir geben uns unserem Gott und Vater, mit unserem ganzen Sein, wenn wir den Zehnten in die Gemeinde Jesu geben.

Aus Mangel an Erkenntnis über den „Kreis des Bundes"

Nach der großen erdbedeckenden Wasserflut begann Gott mit Noah eine neue Segenslinie, in der Abraham sein zehnter Nachkomme war. Abraham war Zehnter Noahs, und als sein Same waren es alle seine Nachfahren – der Nachkomme unseres Glaubensvaters aber, dem die Verheißung galt, ist Jesus Christus (vgl. Galater 3:16).

Abrahams Same brachte die Nachfahren nach dem Fleisch hervor und den Nachkommen nach dem Geist – Jesus Christus. Durch Jesus erhielt Abraham Kinder nach dem Geist. Nicht nur die Söhne Abrahams nach dem Fleisch (das Volk Israel) sind Zehnte, sondern auch seine Abkömmlinge nach dem Geist (die Gemeinde Jesu). Sie sind Zehnte in Jesus, der durch Gottes Geist und den Samen Abrahams Mensch wurde.

Aufgrund des Bundes, den Gott und Abraham schlossen, gehören dem Höchsten sowohl Abrahams Kinder nach dem Fleisch, als auch die nach dem Geist. Weil unser Vater im Glauben sich mit dem Zehnten in Gottes Besitz gegeben hatte, gehören sie alle mit ihm Gott.

Deshalb bekunden wir mit dem Zehnten wie Abraham, dass wir Gottes Eigentum sind und zum Hause Gottes gehören. Für uns schließt sich der „Kreis des Bundes", in dem wir mit dem Höchsten stehen, wenn wir Gottes Zehnten, Jesus Christus, annehmen und den Zehnten von unseren Gütern in das Haus Jesu geben.

4.6. Gesegnet, um zu geben – Geben, um gesegnet zu werden

Als Abraham mit seinen dreihundertachtzehn Bediensteten siegreich und mit großer Beute aus dem Krieg gegen übermächtige Feinde zurückkehrte, brachte ihm Melchisedek Brot und Wein entgegen, segnete ihn und sprach:

„Gesegnet sei Abram von Gott, dem Höchsten, der Himmel und Erde geschaffen hat! Und gesegnet sei Gott, der Höchste, der deine Bedränger in deine Hand ausgeliefert hat!"

(1. Mose 14:19+20; EB; vgl. Hebräer 7:1+2)

Noch bevor Abraham von Melchisedek, Brot und Wein empfing, wurde er von diesem gesegnet. Erst nachdem Abraham derart beschenkt worden war, gab er den Zehnten von allem.

Jesus Christus hat uns mit seiner Liebe gesegnet. Er gab für uns sein Leben und segnete uns mit sich selbst. Jesus gibt uns sein Fleisch und Blut und spricht: „Alles was mein ist, ist dein. Ich bin der Herr, dein Versorger!"

Jetzt sind wir gefragt, seine Liebe zu empfangen und ihm mit Liebe zu begegnen. Wir bitten ihn in unser Herz und geben ihm unser Leben. Als Zeichen seiner Liebe nehmen wir im Abendmahl Brot und Wein entgegen – und essen sein Fleisch und trinken sein Blut. Was für ein Segen!

Wir bekunden dankbar: „Wir gehören dir, mit allem, was unser ist." Sobald wir Einsicht in den „Kreis des Bundes" erlangen, geben wir Gott freudig und dankbar den Zehnten von all unseren Einkünften. Erst dann befinden wir uns vollends im Bund des Lebens mit dem Allerhöchsten. Unsere mündliche Lebensübergabe wird durch beständiges Zehntengeben besiegelt.

Im Bund mit Gott müssen wir uns auch mit der Gerechtigkeit Christi identifizieren. Seine Gerechtigkeit wird uns ohne eigenes Hinzutun durch Glauben angerechnet. Dies ist möglich, weil sich Jesus am Kreuz mit uns als Sündern identifiziert hat und ohne eigenes Vergehen zum Sünder wurde (vgl. 2. Korinther 5:21).

Der Segen der Gerechtigkeit

Gerechtigkeit öffnet den Himmel. Aber erst die aus Christi Gerechtigkeit gewirkten Taten bewirken die Ausschüttung des himmlischen Segens.

Zunächst empfangen wir den Segen Gottes, wenn er uns seine Gerechtigkeit anrechnet. Dann handeln wir und geben aus Glauben den Zehnten – dies ist ein gerechtes Werk. Weiterer Segen wird folgen!

Der Gerechte gibt den Zehnten, damit Segen durch den von Jesus bereits geöffneten Himmel zu ihm gelangen kann. Dieser Segen besteht in den uns von Jesus geschenkten Gütern – alles, was zum Leben und göttlichen Wandel dient (vgl. 2. Petrus 1:3+4) und für uns in der Himmelswelt bereitgestellt wurde (vgl. Epheser 1:3).

Ohne Mühe setzen wir Gottes Segen für uns frei, wenn wir Gottes Bund mit uns durch das Geben des Zehnten bestätigen.

Melchisedek **„nahm den Zehnten von Abraham und segnete den, der die Verheißungen hatte."** (Hebräer 7:6; LU)

Abraham gab Melchisedek den Zehnten. Und was machte Melchisedek daraufhin? Er segnete Abraham erneut, da dieser die Verheißungen hatte und nun mit Gott im Bund stand.

Auf diese Weise gelangte Abraham in eine Position, in der er alle Zusagen Gottes in Anspruch nehmen konnte. Durch den erneuten Segen Melchisedeks konnten die Verheißungen für Abraham sichtbar werden.

Geben wir den Zehnten, werden wir mit der Berechtigung gesegnet, Gottes Verheißungen freimütig in Anspruch nehmen zu dürfen. Damit gelangen wir in die Ordnung Gottes.

5

Der offene Himmel

Jesus Christus hat für alle Menschen, die sein Erlösungswerk annehmen, den Himmel geöffnet. Und doch erfahren ihn nur jene als
offen, die aus Glauben an sein Wort leben. Wer das nötige Verständnis
über den Zehnten besitzt, diesen aber trotzdem nicht gibt, wird den
Himmel in nur geringem Umfang als geöffnet erleben.

Jemand, der seinen Glauben nicht durch das Werk vollendet, erfüllt
seinen Teil des Bundes nicht. Der geschlossene Bund bleibt deshalb
für ihn ohne Auswirkungen. Zwar ist er durch Jesus Christus gerettet
und in ihm die Gerechtigkeit, die vor Gott gilt, doch das allein nützt
ihm hier auf Erden wenig.

Gelebter Glaube

Gerechtigkeit ist die Voraussetzung für ein Leben unter dem von
Jesus geöffneten Himmel. In Christus Jesus sind wir die Gerechtigkeit,
die vor Gott gilt (vgl. 2. Korinther 5:21). Allerdings ist die im Glauben
angenommene Gerechtigkeit nur die eine Seite der „Medaille"; das
Wirken entsprechend dieser Gerechtigkeit die andere. Wir werden
trotz unserer Gerechtigkeit in Jesus Christus solange den Himmel
nicht als wirksam geöffnet erleben, bis wir aus Glauben gemäß der
Gerechtigkeit Gottes handeln.

Wir müssen nach Gottes Gerechtigkeit trachten und ebenso nach
ihr leben; dies tun wir aus Glauben. Wenn wir nicht tun, was Gottes
Wort sagt (dabei spreche ich nicht von der Einhaltung des mosaischen
Gesetzes, sondern vom Leben aus der Kraft des Glaubens), werden

wir auch nicht im gewünschten Maß gesegnet werden. Glaube ohne Werke ist tot (vgl. Jakobus 2:17). Toter Glaube bringt keine Frucht der Gerechtigkeit hervor.

Glauben und Werke gehören zusammen. Erst, wenn wir glauben, was Gottes Wort sagt, und tun, was wir glauben, erhalten wir entsprechende Ergebnisse.

Gelebter Glaube hat Lohn (vgl. Hebräer 11:6): den Lohn der Gerechtigkeit.

Wir dürfen Gott prüfen, ob er zu seinem Wort steht und uns segnet und Lohn gibt, wenn wir ihm den Zehnten aus Glauben geben (vgl. Maleachi 3:10).

Darf ein Mensch Gott berauben?

In der folgenden Schriftstelle spricht der Höchste jene an, die unter dem mosaischen Gesetz leben. Gleichwohl gilt dieses prophetische Bibelwort auch uns, die wir aus Glauben leben dürfen. Der hier angesprochene Fluch aber trifft nur jene, die unter dem mosaischen Gesetz leben. Für Glaubende gilt: Jesus wurde stellvertretend für uns zum Fluch (vgl. Galater 3:13). Vom Gesetz und auch dem Fluch des Gesetzes sind wir frei, selbst wenn wir den Zehnten nicht geben.

„Kehrt um zu mir! Und ich kehre um zu euch, ... Ihr aber sagt: ‚Worin sollen wir umkehren?' Darf ein Mensch Gott berauben? Ja, ihr beraubt mich! – Ihr aber sagt: ‚Worin haben wir dich beraubt?' Im Zehnten und Hebopfer. Mit dem Fluch seid ihr verflucht ..."
(Maleachi 3:7-9; EB)

Darf ein Mensch Gott berauben? Auf keinen Fall! Doch Israel enthielt Gott vor, was ihm gehörte, nämlich den zehnten Teil des Einkommens. Israel musste den Zehnten aus Gehorsam zum mosaischen Gesetz geben.

Nun könnte man denken, diese Passage betrifft uns nicht mehr, da wir in Jesus unter der Gnade leben. Doch richtig ist, das Geben des Zehnten ist älter als das mosaische Gesetz. Es wurde nicht zuerst in diesem Gesetz aufgebracht, sondern dort mit integriert. Diese Aufnahme geschah aufgrund des Bundes, welchen Gott mit Abraham und den sich in ihm befindlichen fleischlichen Nachkommen geschlossen hatte. So gab Gott Abrahams Kindern nach dem Fleisch das mosaische Gesetz und seinen Kindern nach dem Geist das Leben aus Glauben.

Auf dem Fundament dieses Wissens sehen wir nun die Aussagen des Propheten Maleachi in einem ganz anderen Licht – nicht mehr aus der Perspektive des mosaischen Gesetzes allein, sondern auch aus jener des Lebens aus Glauben. Als Glaubende an Jesus Christus müssen wir das Zehntengeben nach dieser Gesetzmäßigkeit betrachten.

Israel nach dem Fleisch und nach dem Geist

Abraham ist der Vater Israels nach dem Fleisch, aber auch des Israels nach dem Geist. Er ist Vater der Glaubenden, aber auch jener, die unter dem Gesetz leben.

Gott versprach Abraham, seine Nachkommen würden zahlreich wie der Sand am Meer und wie die Sterne am Himmel sein. „Wie Sand am Meer" bezeichnet seine natürlichen Nachfahren; „wie die Sterne am Himmel" beschreibt die geistlichen Nachkommen (vgl. 1. Mose 22:17).

Die Israeliten nach dem Fleisch stehen mit Gott aufgrund des Glaubens Abrahams im Bund. Das Gesetz wurde für sie hinzugefügt. Ab da mussten die Israeliten den Zehnten auf der Grundlage des Gesetzes entrichten. Das geistliche Israel (die Gemeinde Jesu) hingegen befindet sich wie Abraham mit Gott im Bund des Glaubens. Der Gemeinde gelten dieselben Prinzipien, nach denen auch Abraham lebte.

Den Kindern Abrahams nach dem Fleisch gilt das mosaische Gesetz – jedenfalls solange, wie sie nicht an Jesus glauben. Jesus Christus ist das Ende des Gesetzes (vgl. Römer 10:4).

Das mosaische Gesetz ist ein Gesetz für das Fleisch, nicht aber für den Geist. Der geistliche Mensch lebt aus den Kräften der Gnade Christi, der fleischliche dagegen muss sich diese Kräfte des Lebens durch Einhaltung des ganzen Gesetzes verdienen; er muss leisten, was er nie schaffen wird. Was für ein Unterschied! Wer möchte da noch unter dem mosaischen Gesetz leben, wenn die im Glauben genommene Gnade Christi es uns so einfach macht?

Doch solange das Israel nach dem Fleisch noch nicht im Glauben ihres Vaters Abraham angelangt ist und nicht Jesus Christus als Herrn angenommen hat, kann es kein Leben aus der Leichtigkeit der Gnade und somit aus dem Geist führen.

Wer im Fleisch verharrt und Gott erreichen will, muss aus sich selbst leben und zumindest das mosaische Gesetz halten.

Die Grundlage für das Leben aus dem Geist Gottes ist Jesus Christus. Deshalb müssen sich die Israeliten nach dem Fleisch, wie alle anderen Menschen auch, Jesus Christus zuwenden und an ihn glauben.

„Denn das Gesetz wurde durch Mose gegeben; die Gnade und die Wahrheit ist durch Jesus Christus geworden." (Johannes 1:17; EB)

Der geistliche Mensch lebt aus der Gnade Jesu Christi. Deswegen sollte er erst gar nicht versuchen, das mosaische Gesetz zu halten und eigene Kräfte aufzuwenden, um nach Gottes Weisung zu handeln. Er lebt aus den Kräften der Gnade Gottes, die er durch Glauben von Jesus nimmt.

Nachdem wir durch Glauben in den Bund Gottes mit Abraham gelangt sind, gilt auch für uns das Gesetz des Glaubens. Deshalb sollten wir danach trachten, die Wahrheiten dieses Bundes zu erkennen, und lernen, die Wege des Glaubens zu gehen.

5.1. Ein offener Himmel an jedem Ort

Stephanus sah den Himmel geöffnet, als er um Jesu Willen gesteinigt wurde (vgl. Apostelgeschichte 7:55). Petrus sah den Himmel aufgetan, als er betete und aus diesem eine Botschaft empfing (vgl. Apostelgeschichte 10:11). Und Paulus wurde im Gebet sogar in den geöffneten Himmel entrückt, in dem er nicht zu beschreibende Segnungen erfuhr (vgl. 2. Korinther 12:2).

Jakob verbrachte eine Nacht unbewusst am richtigen Ort und sah im Traum den Himmel offen. Engel kamen auf einer Leiter zur Erde nieder und stiegen auch wieder in den Himmel auf. Der Allmächtige befand sich oberhalb der Leiter und sprach, er würde mit Jakob sein und ihn beschützen. Genau an diesem Ort versprach Jakob dem Herrn, stets den Zehnten zu geben (vgl. 1. Mose 28:10-22).

Der von Jesus geöffnete Himmel wird für uns zur Realität, wenn wir aus Glauben aktiv werden und das vom Wort Gottes Erkannte tun. Einer unserer ersten Glaubensschritte sollte das Zahlen des Zehnten sein. Machen wir dies zu einer festen Institution, wird es uns leichter, im Glauben den Himmel als von Jesus geöffnet zu sehen.

Das kontinuierliche Geben des Zehnten beweist dem Allmächtigen unsere Bündnistreue. Als solche, die ihren Teil des Bundes mit Gott durch Glauben erfüllen, brauchen wir uns keine Gedanken mehr darum zu machen, wie wir einen geöffneten Himmel erhalten. Dann benötigen wir nicht länger „Glück" wie Jakob, der „zufällig" am richtigen Ort übernachtete. Glauben und handeln wir nach Gottes Wort in Bezug zum Zehnten, werden wir keinen Zweifel mehr haben, dass der von Jesus geöffnete Himmel für uns an jedem Ort offen ist.

5.2. Glaubende und der Zorn Gottes

Wir wurden durch Glauben an Jesus Christus errettet, und das aus Gnade. Diese Tatsache ist felsenfest und unumstößlich, selbst wenn wir Christen aufgrund von Erkenntnismangel nicht Gott wohlgefällig leben sollten. Um jedoch Gottes Heil schon hier auf Erden erleben zu können, müssen wir zusätzlich zu der guten Botschaft von unserer Errettung auch die weiteren Worte Gottes glaubend erfassen.

Durch Glauben empfangen wir ewiges Leben und im Glauben leben wir aus dem, was wir empfangen haben, und kommen unseren Bündnisverpflichtungen nach. Eine der wesentlichen Bundesangelegenheiten ist das Zehntengeben. Wer trotz empfangener Offenbarung Jesus seinen Zehnten nicht gibt, verweigert seinem Glauben, wirksam zu werden. Ein unwirksamer Glaube aber ist ein toter Glaube. Unser Glaube wird nur durch die Tat vollendet und lebendig werden (vgl. Jakobus 2:22).

Ohne die dazu gehörige Handlung ist der Glaube tot. Bei dem Menschen, dessen Glaube keine Werke hat, bleibt alles beim alten.

„Wer an den Sohn glaubt, der hat das ewige Leben. Wer aber dem Sohn nicht gehorsam ist, der wird das Leben nicht sehen, sondern der Zorn Gottes bleibt über ihm." (Johannes 3:36; LU)

Wer glaubt, will mit Freuden tun, was der Glaube ihm sagt. Er ist gewiss, dass seiner Tat Segen folgen wird.

Es ist der Glaube, der das Werk hervorbringt. In ihm befindet sich die Freude zur Tat. Die Freude ist der Motivator des Glaubens. Sie hilft, das Ziel des Glaubens zu erreichen. – Der Glaube will unbedingt das Resultat: das Werk, um vollkommen zu werden.

Wer dem Wort des Glaubens nicht gehorsam ist, wird das Leben nicht sehen; denn Leben entspringt dem Handeln. Jene, die ihrem Glauben keine Taten folgen lassen, verlieren letztlich die Freude, die sie zur Umsetzung des Glaubens ermunterte, und erfahren in ihrem Leben keine positive Veränderung. Das ist Gottes Zorn, der über ihnen bleibt.

Das im deutschen mit „Zorn" wiedergegebene Wort in Johannes 3, Vers 36 ist das griechische Wort „orge". Es meint, „mit Trauer ein Verlangen zu haben". Gott trauert mit „orge" um alle, die sich dem

Leben aus Glauben verweigern und nicht entsprechend ihres Glaubens handeln. Er ist traurig über ihren Seelenzustand und besonders darüber, dass sie diesen nicht durch die Freude und Tat des Glaubens verändern lassen wollen. Weil sie nicht aus Glauben leben, kann er ihre Seele nicht heiligen, mit welcher er doch so gerne Gemeinschaft haben will. Auf Erden werden solche Menschen das Gute Gottes nicht sehen und nicht erleben können. Fleisch kann das Reich Gottes nicht ererben (vgl. Galater 5:21).

„Orge" meint nicht jenen Zorn Gottes, der sich in Wut derer entledigt, die ihre eigenen Wege gehen. Das „orge" Gottes richtet sich vielmehr gegen die Sünde des Menschen und die dahinterstehenden Mächte der Finsternis. Allerdings wird Gott sich eines Tages von den Menschen trennen, die nicht mit der Sünde brechen und lieber mit den Dämonen verhaftet sein wollen.

Mit „orge" ist Gott über alle Menschen traurig, die an ihm vorbei leben, ihn als das Ziel verfehlen und deshalb sein Gutes nicht erreichen können. Mit diesem Zorn ist er über alle unglücklich, die sich selbst leben und sich seiner Liebe verweigern. Dieser Zorn Gottes sucht nach Mitteln und Wegen, den Widerstrebenden zu helfen, von ihren harten Herzen loszukommen. So kann man sehen, Gottes Zorn „orge" arbeitet mit der Gnade Gottes zusammen. Gott will, dass selbst die in Eigensinn Festgehaltenen frei werden und durch Glauben glücklich leben. Die Gnade erzieht alle, die sich noch unter Gottes Zorn befinden, in den Gehorsam des Glaubens zu gelangen. Der Ungehorsame lernt in Gottes Erziehungsprogramm Gehorsam, so dass er ein Täter des Glaubens wird, unter Gottes Segen gelangt und so den Lohn des Glaubens empfangen kann (vgl. Hebräer 11:6).

Gottes Gnade – Frei vom Zwang der Sünde

Über dem Zorn Gottes steht das Geheimnis von Gottes Gnade. Des Herrn Zorn („orge") führt uns zur Gnade. Es ist die Güte Gottes, welche uns zur Umkehr leitet. Die durch Glauben genommene Gnade befreit von Sünde und hilft, ein Leben im Glauben zu führen.

Der Heilige Geist ist der Geist der Gnade. Er schenkt dem Glaubenden Gnade und steht ihm bei, dass er aus Gnade die Taten des Glaubens vollbringen kann und nicht mehr sündigt.

„Die Sünde wird nicht herrschen können über euch, weil ihr ja nicht unter dem Gesetz seid, sondern unter der Gnade."

(Römer 6:14; LU)

In der Kraft der Gnade kann der Glaubende an allen Orten und zu jeder Zeit der Sünde widerstehen. Gnade ist mehr als Vergebung. Gnade verleiht Motivation und Stärke, über Sünde zu herrschen. Im Glauben genommene Gnade gibt Kraft, zu tun, was Gott macht.

Ungehorsam ist Sünde; sie ist das Kind des Unglaubens. Glaubende leben unter der Gnade. Sünde kann über sie nicht herrschen. Deshalb können sie alles tun, was Gottes Wort sagt.

Die Kraft der Gnade ist stärker als die Kraft der Sünde. Die Sünde kann Glaubende nicht hindern, aus Glauben zu leben. Glaubende müssen nicht mehr sündigen. Jesus hat für sie das Gesetz erfüllt und die Sünde besiegt. Sie stehen nicht unter Gesetz und deshalb auch nicht mehr unter dem Fluch des Gesetzes. Tun sie allerdings nicht, was sie glauben, bleiben sie unter Gottes Zorn. Dieser Zorn über ihrem Leben verschwindet, sobald sie tun, was der Heilige Geist ihnen sagt.

Glaubende an Jesus Christus sündigen nicht aus Zwang, sondern, weil sie es entweder wollen, oder weil sie vom Teufel hintergangen und durch dessen Manipulation in die Sünde hinein verführt worden sind.

Gottes Erziehungsprogramm

Wer eine Offenbarung darüber hat, dass der Zehnte Jesus gehört, diesen dann aber nicht aus Glauben gibt, betrügt den Herrn. Auch betrügt er sich selbst, denn Gottes Zorn bleibt über ihm. Unter Gottes Zorn wird er das Leben nicht sehen.

Wer an Jesus glaubt, hat ewiges Leben. Doch solange er nicht bereit ist, als Jünger dem Sohn Gottes gehorsam zu folgen, wird er auf Erden diese Qualität des Lebens nicht erfahren und muss weiterhin die schlechten Früchte seines gewohnten Lebens genießen.

Dieser Zorn gilt Kindern Gottes, die nicht tun, was sie glauben. Gott möchte sie segnen, kann es aber nicht, da sie nicht mit ihm weitergehen und sich weigern, ihrem Glauben entsprechend zu handeln. Um sie aus dieser Haltung heraus- und in seinen Segen hineinführen zu können, erzieht Gott seine Kinder. Manchmal muss er auf drastische Maßnahmen zurückgreifen. Gottes Wort sagt, der Herr schlägt einen jeden Sohn, den er aufnimmt (vgl. Hebräer 12:6).

In seinem Zorn, „orge", will der Herr uns Christen aufwecken. Er hat unsere Gebundenheit an die Mächte der Finsternis gelöst. Diese aber versuchen, uns weiterhin in Sünde gefangen und unseren Blick nach unten gerichtet zu halten, damit wir den von Jesus geöffneten Himmel nicht wahrnehmen. Sehen wir den Himmel über uns offen, erwacht in uns ein Verlangen nach den dort wartenden Segnungen.

Gottes Zorn über seine unfolgsamen Kinder hat erzieherischen Charakter, nicht den von Fluch. Durch die Wirkung von „orge" will der Vater unser Herz erreichen, zu sich ziehen und uns zum Segen führen. Fluch dagegen trennt und zerstört. Als Verfluchter ist man dahingegeben – es besteht keine Beziehung zu Gott. Jeder, der die Erlösung in Jesus noch nicht angenommen hat, befindet sich unter Fluch. Nur durch Glauben an Jesus, der für uns am Kreuz den Fluch in den Tod getragen hat (vgl. Galater 3:13), werden wir vom Fluch frei. Als Kinder Gottes trifft uns kein Fluch mehr! Dafür sind wir jetzt der Erziehung Gottes unterstellt.

Zorn und Fluch

Israel wollte oder konnte eines Tages nicht mehr einsehen, dass der Zehnte Gott gehört, und so gab es diesen einfach nicht mehr. Worauf Gott dem Volk durch Maleachi mitteilen ließ: „Mit dem Fluch seid ihr verflucht!" (vgl. Maleachi 3:10)

Alle, die sich nach dem mosaischen Gesetz ausrichten und durch dieses Leben erlangen wollen, begeben sich unter Fluch, wenn sie es nicht erfüllen (vgl. 5. Mose 28).

Das von Maleachi gegen das Volk Israel gesprochene Fluch-Wort ist für uns Glaubenden an Jesus Christus nicht relevant. Uns muss unmissverständlich klar sein, dass wir als an den Namen Jesus Glaubende nicht nach Einhaltung des mosaischen Gesetzes streben und somit auch nicht auf der Grundlage dieses Gesetzes verurteilt werden. Das heißt konkret: Gott verflucht uns nicht, wenn wir nicht nach diesem Gesetz handeln! Das mosaische Gesetz hat für uns keinerlei Bedeutung mehr. Wir sind dem Gesetz und den damit verbundenen Fluch mit Christus gestorben (vgl. Galater 2:19).

Kein Fluch, aber Zorn

Der Gesetzesmensch wird das Gesetz nicht halten können, deshalb unter Fluch gelangen und nicht gesegnet sein; und der Mensch des Glaubens, der den Kräften des Glaubens widersteht, bleibt unter Gottes Zorn und wird auch nicht gesegnet sein.

Handeln wir nicht nach Gottes Weisung und leben deshalb auch nicht aus Glauben an sein Wort, bleibt Gottes Zorn über uns (vgl. Johannes 3:36). Um Gott wohlgefallen und ungehindert seinen Segen empfangen und genießen zu können, müssen wir tun, was wir glauben. Gottes Wort sagt: „Der Gerechte lebt aus Glauben." (vgl. Römer 1:17) Für uns gilt das Gesetz des Glaubens, nach dem wir unser Leben ausrichten sollen.

Jesus Christus sagt zu denen, die an ihn glauben und ewiges Leben erhalten haben, jedoch nicht ihrem Glauben entsprechend handeln: „Solange ihr dem Wort Gottes nicht gehorsam seid, werdet ihr das Leben nicht sehen; Gottes Zorn bleibt über euch." (vgl. Johannes 3:36)

Alle, die an Jesus Christus glauben, aber nicht tun, was er sagt, handeln immer noch wie die Heiden, welche unter Gottes Fluch leben. Zwar sind diese Glaubenden für die Ewigkeit gerettet, werden aber hier auf Erden nicht in dem Maß gesegnet, wie Gottes Wort es zusagt. Sie müssen sich, wie die Menschen in der Welt, selbst versorgen und ihre Lebensweise selbst gestalten. Je nach ihrem Charakter und ihrer Seelenstärke wird ihnen das mehr oder weniger gut gelingen. Über ein durchschnittliches Leben aber gelangen sie nicht hinaus. Hinzu können Härten sie treffen, welche ihnen das Leben unnötig schwer machen und die Lebensqualität enorm vermindern.

Gelebter Glaube erschließt den geöffneten Himmel

Wer keine Glaubenswerke hervorbringt, hat entweder keinen Glauben oder ist seinem Glauben ungehorsam. Unglaube wie auch unvollständiger Glaube kann aus dem geöffneten Himmel keinen Segen ergreifen. Er bleibt allen „verschlossen", die ihren Glauben nicht mit Werken vollenden. Nur vervollständigter Glaube erschließt den geöffneten Himmel. Wer glaubt und gemäß seines Glaubens handelt, gefällt Gott. Er gelangt in den geöffneten Himmel, nimmt, was dort für ihn bereitgestellt ist, und bringt es auf die Erde.

Bei Maleachi lasen wir von der Ursache für einen als verschlossenen erlebten Himmel:

„Ihr aber sprecht: ‚Womit betrügen wir dich?' Mit dem Zehnten und der Opfergabe! Darum seid ihr auch verflucht; denn ihr betrügt mich allesamt." (Maleachi 3 8+9; LU)

Wenn Gott an dieser Stelle von Verfluchen spricht, so gilt dies nur denen, die nicht an Jesus glauben und noch unter dem Gesetz leben.

Gleichwohl bleiben wir als Kinder Gottes unter dem Zorn, bis wir dem Sohn gehorsam werden. Erst, wenn wir den Zehnten und unsere Opfergaben aus Glauben geben, werden wir auf diesem Gebiet das Leben sehen und erfahren, wie Segnungen Gottes aus dem offenen Himmel zu uns kommen (vgl. Maleachi 3:10).

Die Auswirkungen von Fluch und Zorn mögen sich ähneln, doch ist die Motivation dabei grundlegend verschieden. Fluch wirkt nur vernichtend. Gottes Zorn hingegen lässt uns merken, wir befinden uns noch immer nicht im Segen, etwas ist verkehrt. Obwohl an Jesus gläubig, verharren wir in bestimmten Lebensbereichen noch im Unglauben. Der Gerechte aber wird aus Glauben leben. Wir werden das Leben sehen, den Himmel als offen erfahren, wenn wir uns in den Gesetzen und Ordnungen des Glaubens befinden.

Wer hat den offenen Himmel verschlossen?

Gott verflucht seine Kinder nicht! Für sie ist und bleibt der Himmel grundsätzlich offen. Und doch scheint er jenen Christen verschlossen, die nicht nach ihrem Glauben handeln. Ohne vollendeten Glauben können sie keinen Zugang zum himmlischen Segen finden. Durch Ungehorsam blockieren sie sich selbst den Weg.

Die Apostelgeschichte (Kapitel 5:1-11) gibt uns ein eindrückliches Beispiel davon, wie durch unser Handeln Gottes Zorn auf uns bleiben kann. Ananias und Safira hielten den Himmel für sich verschlossen, weil sie Gott betrogen. Dieser Betrug brachte sie derart unter Gottes Zorn, dass für sie nur noch der Tod übrig blieb. Ihre Zuwiderhandlung gegen den Glauben ging zu weit. Sie handelten nicht nur ihrem Glauben entgegengesetzt, obendrein belogen sie noch den Heiligen Geist. Sie wollten vor Menschen glänzen, und ihr Ansehen wurde ihnen wichtiger als ihr Stand vor Gott. Dies machte sie zu sehr schlechten Vorbildern.

Während jener Zeit verkauften viele Gläubige ihren Besitz und übergaben den Erlös den Aposteln. Ananias und Safira veräußerten ein Anwesen, gaben den Aposteln jedoch nur einen Teil des Erlöses. Dies war in sich nicht strafwürdig und hätte auch Gottes Zorn nicht erregt. Doch dieser Zorn kam auf die beiden, weil sie vorgaben, den gesamten Erlös weitergegeben zu haben, aber in Wahrheit einen Teil der Summe beiseite geschafft hatten.

Gerne wollten sie als großherzig und freigebig angesehen werden wie die anderen, die den gesamten Gegenwert ihrer verkauften Güter gaben. Ihr Vergehen bestand in Täuschung. Sie stellten sich generöser dar, als sie waren. Sie belogen den Heiligen Geist und auch Menschen. Mit dieser Lüge, die ihre wahre Herzenshaltung vertuschen sollte, riefen sie Gottes Zorn über sich. Als warnendes Beispiel mussten sie sterben, damit die noch junge Gemeinde nicht an ihrem schlechten Vorbild verderben würde. Schlechter Umgang verdirbt gute Sitten (vgl. 1. Korinther 15:33).

Alle sollten sehen, der Heilige Geist lässt sich solch eine Sünde nicht bieten. Wer von Gottes Gnaden lebt, darf nicht mit der Sünde spielen. Gott duldet keine Lügen und greift erziehend ein. Die Lüge von Ananias und Safira wurde geahndet, damit kein anderer der Versuchung erläge, Gott oder Menschen in solch einem Ausmaß zu betrügen – sie mussten sterben.

Das erwünschte Resultat ließ nicht lange auf sich warten: Furcht überkam die ganze Gemeinde. Keiner wollte außerhalb des Glaubens an Gottes Wort leben. Alle waren nun mehr denn je darauf bedacht, Gott wohlzugefallen.

Das Vorgehen des Heiligen Geistes in dieser Situation ist die praktische Anwendung von 1. Korinther 5:5 (LU):

So „... **soll dieser Mensch dem Satan übergeben werden zum Verderben des Fleisches, damit der Geist gerettet werde am Tage des Herrn.**"

Mit ihrem Betrug und dessen Auswirkungen auf die Gemeinde überschritten Ananias und Safira eine Grenze, die sie ihr irdisches Leben kostete. Gott wollte die beiden nicht ganz verlieren, deswegen zog er in erziehendem Zorn seine bewahrende Hand von ihnen zurück. Der Mörder von Anfang an konnte sie zwar töten, doch aufgrund ihres Glaubens an das vergebende Blut Jesu Christi wurden sie für den Tag des Herrn gerettet.

Unsere Handlungen, positive wie negative, bringen Reaktionen hervor. Entweder bauen sie uns auf oder zerstören uns. Tun wir gar nichts, zerren die Kräfte dieser Welt dennoch an uns und bewirken bei uns vorzeitiges Altern. Nichts zu tun, schützt vor Schaden nicht.

Handeln wir aber sogar verkehrt, sind wir es, die dem Teufel Raum in unserem Leben geben, den dieser sofort für seine Absichten nutzen wird. Damit erzielen wir Resultate, die uns zusetzen, verderben und noch schneller alt werden lassen.

Gehen wir jedoch dem Wort Gottes entsprechend vor, erleben wir den geöffneten Himmel. Segen wird freigesetzt, der uns erfreut und verjüngt.

Gott, der Vater, gab uns durch seinen Sohn Jesus Christus Gnade. Wer diese Gnade ergreift, lebt aus Glauben. Durch Glauben genommene Gnade bewirkt, dass wir ohne eigene, fleischliche Anstrengung nach Gottes offenbartem Wort handeln können. Wer in diesem Glauben lebt, wird aufgrund seiner Taten gesegnet sein. Über ihm ist Gottes Zorn nicht zu finden. Allerdings bleiben Gottes Segnungen von jenen fern, die Gottes Gnade nicht ergreifen und deshalb auch nicht aus Glauben leben. Sie sind weiterhin den zersetzenden und zerstörerischen Kräften der Welt ausgesetzt. Das ist Gottes Zorn.

Gottes Zorn lässt zu, dass der Teufel den am Glauben Ungehorsamen solange zusetzen darf, bis sie ihre Unterlassung erkennen und endlich aus Glauben mit Freuden tun, was ihnen des Herrn Wort sagt.

Aus Glauben zu leben hat nichts mit der Einhaltung des mosaischen Gesetzes zu tun; das kann nicht oft genug gesagt werden. Beim Glauben geht es um das Tun der Worte Gottes; nicht um das Halten eines Gesetzes. Wer aus Glauben lebt, lebt aus dem ins Herz aufgenommene Wort des Herrn und tut es mit Freuden. Er vollbringt Gottes Rede durch die Kraft des Heiligen Geistes.

Wer Offenbarung über das Geben des Zehnten bekommen hat und diesen trotz besseren Wissens nicht gibt, bleibt unter Gottes Zorn – der offene Himmel ist für ihn verschlossen. Er kann solange den

Segen des Himmels nicht empfangen, wie er entgegen seiner Einsicht macht, was dem Teufel gefällt. Obwohl er Gott glaubte, neigt er sich dem Willen des Teufels zu und verweigert zu tun, wozu der Herr ihm Freude gegeben hatte; das ist willentlicher Ungehorsam. Weil er sich in den Unglauben verbissen hat, kann er nicht aus Glauben leben und befindet sich außerhalb des Stromes des Lebens. Vielleicht fragte er anfangs, „freudig glaubend" sein Portemonnaie, ob es sich leisten könne, Zehnten und Opfer zu geben – worauf ihm dieses recht überzeugend mit „Nein" antwortete und er seine Freude zum Geben verlor. Die Geldbörse zeigte ihm, zum Geben sei kein Geld vorhanden, und sie erinnerte ihn auch daran, was alles noch zu bezahlen sei. Entmutigt durch den derzeitigen Ist-Zustand ließ er den Glauben fallen und unterließ es, Gott zu geben.

Glaube sieht auf das, was Gott sagt; Unglaube dagegen auf das, was die sichtbare Realität mitteilt. Wer auf die Umstände schaut, verliert die Freude, seinem Glauben entsprechend und somit nach besserer Einsicht zu handeln. Durch „vernünftiges Denken" wird sein Glaube abgetrieben. Er kann seinem Versorger nicht mehr vertrauen. Wer aber dem Herrn nicht vertraut, dem bleibt der offene Himmel verschlossen. Er gelangt nicht an die im Himmel bereitgestellten Zusagen Gottes und wird diese solange nicht erleben, wie er nicht glaubt, was Gott sagt, und aus Glauben zu handeln beginnt.

Lebendiger Glaube führt in den von Jesus geöffneten Himmel und verändert jede negative Situation zum Positiven; er bringt den Himmel auf die Erde.

Wir selbst sind es, die den offenen Himmel solange verschlossen halten, wie wir uns dem Wort Gottes gegenüber verschließen. Lassen wir unser Portemonnaie gegen besseres Wissen ungeöffnet und geben Gott nicht, was ihm gehört, kann auch er uns nicht geben, was uns gehört. Die Segnungen, die im Zusammenhang mit dem Geben des Zehnten für uns im Himmel aufbewahrt werden, gelangen nur dann zu uns, wenn wir den Zehnten aus Glauben mit Freuden gegeben haben.

5.3. Mit Christus gesegnet in der Himmelswelt

Der Prophet Maleachi spricht:

„Bringt den ganzen Zehnten in das Vorratshaus, damit Nahrung in meinem Hause ist! Und prüft mich doch darin, spricht der HERR der Heerscharen, ob ich euch nicht die Fenster des Himmels öffnen und euch Segen ausgießen werde bis zum Übermaß."
(Maleachi 3:10; EB)

Jesus hat für uns alles getan. Er gab uns sein Leben und damit einhergehend alles zum Leben und göttlichen Wandel Notwendige (vgl. 2. Petrus 1:3+4). Er gab sich und mit sich selbst auch alles, was ihm gehört. Er wollte, dass wir mit Gottes Gutem gesegnet sind. Nun müssen wir unseren Teil tun, damit wir an diesen Segen gelangen. Wir geben den Zehnten unserer Einkünfte, um das durch Christus Geschenkte für uns freizusetzen. Geben wir den Zehnten aus Glauben, bestätigen wir das Bündnis, welches Gott mit Abraham und uns, seinen Nachkommen, geschlossen hat. Wer sich in diesem Bündnis befindet und es bestätigt, vereinigt sich mit Christus.

Gibt jemand den Zehnten aufgrund des Gesetzes, muss er das ganze Gesetz erfüllen, um einen geöffneten Himmel zu erhalten. Wer dagegen den Zehnten aus Glauben Jesus gibt, der für ihn das ganze Gesetz erfüllt und den Himmel geöffnet hat, kann aus dem geöffneten Himmel nehmen.

Paulus schreibt:

„Gelobt sei Gott, der Vater unseres Herrn Jesus Christus, der uns gesegnet hat mit allem geistlichen Segen im Himmel durch Christus." (Epheser 1:3; LU)

Mit Christus sind wir bereits mit jedem geistlichen Segen gesegnet worden. Dieser Segen lagert in der Himmelswelt. Dort soll er aber nicht verbleiben. Durch die geöffneten Fenster des Himmels soll er zu uns auf die Erde gelangen. Der im Himmel bereitliegende Segen ist geistlich. Doch er wird materiell, wenn wir ihn im Gebet durch den Geist der Weisheit und des Glaubens zu uns auf die Erde holen. Schon König Salomo wusste um diese Zusammenhänge. Er kannte den Weg zu den Schätzen, die Gott den Gerechten gibt. Das Geheimnis dieses Weges behielt er nicht für sich. Er überlieferte durch seine Sprüche, wo diese Schätze zu finden sind:

„Segen ruht auf dem Haupt des Gerechten." (Sprüche 10:6; LU)

Über dem Gerechten ruht Segen! – Der Gerechte Salomo sagte: „Mein Reichtum an Segen ist über meinem Haupt; er ist im Himmel."

Der Gerechte ist sehr reich. Er ist so reich wie der Himmel – er ist himmelreich!

Des Gerechten Reichtum ist der Himmel, wo seine Schätze lagern, welche er durch Jesus Christus geschenkt bekommen hat. Doch dieser Reichtum nützt ihm solange nichts, bis er ihn durch Weisheit birgt und durch Glauben auf die Erde holt. Es ist Gottes Gnade, die uns Gerechte ermächtigt, von den Gütern im Himmel durch Glauben zu nehmen und sie auf die Erde zu befördern. – Der Gerechte lebt aus Glauben und empfängt Segen, wenn er ihn im Glauben nimmt (vgl. Römer 1:17; Hebräer 11:6).

Durch Identifikation mit Jesus Christus ist der Glaubende zur Gerechtigkeit geworden (vgl. 2. Korinther 5:21). Deshalb trachtet er mit Christus nach Gottes Gerechtigkeit, um auch gerecht zu leben. Und weil er wie Christus möchte, dass der Himmel auf die Erde kommt (vgl. Epheser 1:10), setzt er alles daran, dass Gottes Gnadengeschenke auf die Erde gelangen. Mit ihnen will er Gerechtigkeit wirken.

Die Glaubenden trachten zuerst nach dem Reich(-tum) Gottes und nach dessen Gerechtigkeit (vgl. Matthäus 6:33). Sie gehorchen dem Heiligen Geist und holen sich mit dessen Hilfe, was ihnen in Christus gehört.

Durch Geben des Zehnten erlebt der Glaubende den offenen Himmel, in welchem seine Reichtümer lagern. Der Segen, den er von dort beansprucht, wird im Übermaß auf ihn herabgeschüttet (vgl. Maleachi 3:10). Dies befähigt den Gerechten, Gottes Gerechtigkeit zu wirken.

Frisches Wasser

Ein Glaube ohne Tat ist tot, ohne Regung und wirkungslos. Er hat keine Werke; er verändert nichts. Er ist nicht in der Lage, Gottes Segen aus der Himmelswelt auf die Erde zu holen.

Wer durch Gottes Wort eine Offenbarung bekommen hat, aber nicht entsprechend handelt, lebt nicht im Glauben dieser Offenbarung. Sie stirbt in ihm und kommt als „Totgeburt" zur Welt. – Nichts passiert! Es bleibt, wie es ist.

Blockieren wir die Tatkraft dieser Offenbarung, die Gottes Zusagen auf die Erde bringt, halten wir die Kräfte zurück, die es vermocht hätten, uns auf Erden zu segnen. Und genau diese Kräfte versteht der Teufel dann so gegen uns zu richten, dass sie uns schaden.

Ungehorsam ist Sünde wie Zauberei (vgl. 1. Samuel 15:23); er wirkt zerstörend. Wenn wir nicht tun, was wir glauben, werden wir zu stehenden Gewässern, die vermodern. Nur fließende Gewässer – Seen mit Zufluss und Abfluss – können gesund bleiben. Angenommene Kräfte Gottes werden uns schwach und krank machen und von uns einen „Geruch" toten Glaubens ausströmen lassen, wenn wir sie nicht zur Vollbringung der Tat aufwenden. Darf uns aber der Heilige Geist mit den Kräften des Glaubens vorantreiben, werden wir entsprechend unseres Glaubens handeln – unser „Gewässer" bleibt frisch. Ein ungehinderter, lebendiger Glaube bringt entsprechende Taten hervor und ist ein Wohlgeruch für unsere Umgebung.

6

Mit Gott im Bund – wo bleibt der Segen?

Jesus hat für uns die Fenster des Himmels geöffnet. Aus ihnen soll Segen überfließend auf uns herabgeschüttet werden. Nun gibt es noch einige Bereiche, die wir uns genau anschauen sollten, damit der im Himmel aufbewahrte Segen nicht zurückgehalten wird.

6.1. Im Glauben wandeln

Die Grundvoraussetzung, damit du an deinen gottgegebenen Segen gelangst, ist Glaube. Der Herr möchte, dass du fortwährend aus Glauben lebst. Wer glaubt, hat zuvor dem Wort Gottes zugehört. Er spricht, was er gehört hat: Glaube sagt, was Gott sagt. Der Rede muss die Tat folgen. Der Glaube wird durch das Werk vollendet (vgl. Jakobus 2:22). Vollendeter Glaube setzt Segen frei.

Gott ist ein Belohner derer, die glauben (vgl. Hebräer 11:6). Der Lohn ist Teil deines Erbes in Jesus Christus: der im Himmel für dich aufbewahrte Segen.

6.2. Opfer geben

Die Israeliten erlebten einen verschlossenen Himmel. Gott nannte ihnen durch Maleachi den Grund dafür: „Ihr habt mich mit dem Zehnten und der Opfergabe betrogen." (vgl. Maleachi 3:8)

Für jene unter dem Gesetz öffnete der Zehnte den Himmel und die Opfergaben setzten den Segen des Himmels frei, so dass er durch das offene Himmelsfenster zu ihnen gelangen konnte. Für Glaubende mit bereits geöffneten Himmelsfenstern wird der Segen in ähnlicher Weise freigesetzt.

Menschen unter dem Gesetz haben es allerdings unendlich schwerer als Glaubensmenschen, den Zehnten und die Opfer zu geben. Das Fleisch stellt sich quer und will nichts abgeben. Die aus dem Geist Geborenen aber sind voll motiviert, nach ihrem Glauben zu handeln, und befähigt, das Fleisch zu überwinden.

Im Alten Bund musste nach dem Gesetz gehandelt werden, um Segen erleben zu können. Im Neuen Bund sind alle Glaubenden bereits gesegnet, ohne etwas dafür tun zu müssen.

Du wirst deinen Segen erst erleben, wenn du entsprechend des Glaubens handelst. Glaubenshandlungen im Neuen Bund sind u.a. das Zehntengeben, wie auch das Opfern – was die Geldgabe über den Zehnten hinaus bezeichnet.

Gott möchte, dass du deinen Glauben durch die Tat vollendest. Dies ist ein wichtiger Faktor, damit der erhaltene Segen zu dir fließen kann.

6.3. Treue erweisen

Gibst du deinen Zehnten, sagst du zu Gott: „Ich gehöre dir, mit allem, was ich besitze." Verweigerst du dem Herrn nicht, was ihm gehört, wirst du von ihm als treu befunden.

Jesus sagt: **„Wer im Geringsten treu ist, der ist auch im Großen treu; und wer im Geringsten ungerecht ist, der ist auch im Großen ungerecht. Wenn ihr nun mit dem ungerechten Mammon nicht treu seid, wer wird euch das wahre Gut anvertrauen?"**
(Lukas 16:10+11; LU)

Gott sucht die Treuen und will ihren Segen freisetzen. Jeder, der an den Namen Jesus glaubt, wird geprüft werden, ob er wirklich treu ist und mit dem Geringsten in rechter Weise umgeht. Besteht er den Test, erachtet ihn Gott als fähig, auch im Großen treu zu sein, und kann ihn über Größeres setzen.

Das Geld ist das Geringste; das Größere ist Gottes Kraft. Gibt der Glaubende, was Gott gehört – den Zehnten – hat er den Haupttest bestanden. Das Besitzrecht ist geklärt. Der Herr kann ihm Größeres, das wahre Gut, anvertrauen – das Reich Gottes und dessen Kraft.

Im Umgang mit seinem Geld zeigt der Glaubende, ob er Jesus gehört oder immer noch sich selbst. Erst wenn er treu den Zehnten gibt, wird er über Größeres gesetzt. Das Geben des Zehnten ist nicht zu Gottes, sondern zu unserem Nutzen. Dies ist ein weiterer Anreiz, den Zehnten mit Freuden zu geben.

Wer zusätzlich in Treue opfert, nimmt Einfluss auf das Maß dessen, worüber er gesetzt wird. Und wer im Größeren treu ist, wird über noch Größeres gesetzt werden und an Herrlichkeit zunehmen.

Das Größere ist unser Erbe: das Königreich der Himmel mit den Kräften der zukünftigen Welt. Gottes Reich ist das wahre Gut. Wir erlangen dieses Gut, wenn wir Gott geben, was ihm gehört, und den Mammontest bestehen.

Der Mammontest

Wer mit dem ungerechten Mammon richtig umgeht, dem wird das wahre Gut anvertraut. Das wahre Gut besteht auch in Weisheit. Diese wird uns gegeben, damit wir mit den uns anvertrauten Kräften Gottes richtig umgehen, Reichtum und Ehre erlangen und ein langes Leben führen können.

König Salomo bestand den Mammontest und wurde außerordentlich reich. Er begehrte das Richtige, als eines Nachts Gott zu ihm im Traum sprach: „Bitte von mir, was es auch sein mag, ich will es dir geben." Salomo wünschte sich keinen Reichtum, keine Ehre und auch kein langes Leben. Er bat um Weisheit, worüber sich der Höchste sehr freute. Er gab Salomo Weisheit und darüber hinaus auch Reichtum, Ehre und ein langes Leben (vgl. 2. Chronik 1:7-12).

Wer im Geringsten – im Umgang mit Geld – untreu ist, kann nicht über Größeres gesetzt werden und deshalb auch keinen weiteren Segen aus dem Himmel empfangen. Ihm kann kein wahres Gut anvertraut werden.

Denn der Treulose würde mit Gottes Kraft genauso wenig treu umgehen wie mit dem Geld. So wie er das Geld für eitle, selbstbezogene Dinge nutzte, würde er auch die Kräfte des himmlischen Reiches für seine fleischlichen Begierden vergeuden.

Wir können „im Glauben" noch so oft bekennen, dass wir in Christus Gottes Gerechtigkeit geworden sind, um dadurch an unser Erbe im Himmel zu gelangen. Ehe wir unseren Glauben nicht durch entsprechendes Handeln vollenden, werden wir nicht erleben, wie unser Erbe in die sichtbare Welt gelangt. Unser Bekennen soll zur Tat führen.

Um Gottes Segen zu erfahren, reicht es nicht aus, gerecht zu sein. Wir müssen beständig gemäß unserer Gerechtigkeit handeln und mit dem Geringsten treu umgehen.

Treu mit fremden Gut

Solange wir das Geringe ungerecht verwalten, können wir nicht über Größeres gesetzt werden. Wer im Kleinen ungerecht lebt, würde auch Größeres ungerecht verwenden.

„Und wenn ihr mit dem fremden Gut nicht treu seid, wer wird euch geben, was euer ist?" (Lukas 16:12; LU)

Wir gehören Gott, weil wir an den Namen Jesus glauben und ihn als Herrn unseres Lebens bekennen. Nun besitzen wir uns nicht mehr selbst; unser Leben ist Christi Eigentum geworden. Grundsätzlich können wir über alles, was wir unser nennen, nicht länger frei verfügen. Unser Geld ist fremdes Gut. Was wir in unseren Taschen haben, gehört nicht mehr uns, sondern Gott.

Du musst dich also fragen: „Wie setze ich Gottes Geld ein?" Auf diese berechtigte Frage gibt es eine sehr einfache Antwort. Um nicht ständig in jeder noch so kleinen Geldangelegenheit Gott um Erlaubnis fragen zu müssen, gab er uns mit dem Zehntengeben die Möglichkeit, von dieser Verpflichtung freizukommen und entspannen zu können. Alle, die Jesus den Zehnten ihres Einkommen geben, können mit dem Rest tun, was sie nach ihrer Erkenntnis für richtig halten.

Natürlich sollten wir im Herzen die Haltung beibehalten, auf den Heiligen Geist hören zu wollen. Wir sollten stets darauf achten, ob der Herr uns nahe legt, etwas zu kaufen oder nicht.

Was gehört nun dir?

Du selbst bist fremdes Gut in deiner Hand. Gehst du mit diesem Gut treu um und gibst Jesus den Zehnten von allem, wird er dafür sorgen, dass dir gegeben wird, was dir gehört. Du magst nun fragen, was gehört mir denn noch, wenn mein ganzes Leben und mein gesamter Besitz ihm gehört? Die Antwort ist zum Glauben schön: Gott selbst und seine Güter! Mit Jesus Christus gab er dir sein Leben und auch alles zum Leben und göttlichen Wandel Dienende (vgl. 2. Petrus 1:3+4).

Zur Erlangung größeren Segens gehört, dass du dir anvertrautes Gut treu verwaltest. Mit dir selbst gehst du treu um, wenn du dein Leben durch den Zehnten Gott gibst.

6.4. Dem Herrn dienen

„Kein Knecht kann zwei Herren dienen; entweder er wird den einen hassen und den anderen lieben, oder er wird an dem einen hängen und den anderen verachten. Ihr könnt nicht Gott dienen und dem Mammon." (Lukas 16:13; LU)

Gibst du Jesus Christus nicht das Seinige, dienst du Mammon und glaubst ihm mehr als Gott. Du meinst, dich selbst versorgen zu müssen, da du nicht darauf vertraust, dass Jesus dir alles rechtzeitig geben wird.

Du willst Jesus dienen? Dann vertraue seiner Versorgung, damit du dich nicht an Mammon hängst und schließlich Gott verachtest. Wer den guten, allmächtigen, unbegrenzten Gott beiseite schiebt und sein Vertrauen auf den bösen, begrenzten Mammon setzt, wird von diesem betrogen werden. Mammon hält nicht, was er verspricht. Dem Zehntengeber ist aufgrund seiner Vertrauensmaßnahme Gottes Versorgung sicher. Er zeigt, sein geistliches Fundament, Mammon nicht dienen zu wollen, ist gelegt.

Glaube an Gottes Wort ist Gottesdienst; er nimmt Zugang zum offenen Himmel. Unglaube dagegen ist Mammonsdienst, der den von Jesus geöffneten Himmel blockiert.

Dienst du Mammon, musst du dich selbst versorgen; die Folge ist bitterer Hass gegen Gott. Als Selbstversorger musst du dir mühsam alles erarbeiten; du bekommst nichts geschenkt. Dienst du aber Jesus und gibst ihm, was ihm gehört, wird er für dich sorgen. – Der Herr will dich fortwährend mit überfließendem Leben beschenken und deine Freude völlig machen.

Liebst du Jesus und lässt dich von ihm versorgen, wirst du Mammon hassen. Willst du dich aber selbst versorgen, wirst du Gott hassen und Mammon noch dazu, denn dir wird nichts zufallen. Alles musst du dir selbst verdienen. Du musst entscheiden, wem du dienen willst!

Das Entgegennehmen von Brot und Wein und das Geben des Zehnten sind für Jünger Jesu die wichtigsten zu erfüllenden Glaubensvoraussetzungen, um an das Erbe in Christus gelangen zu können. Wer danach handelt, darf unverschämt das für ihn von Gott im Himmel Bereitgestellte nehmen – ohne Limit.

6.5. Jesus Christus beständig erkennen

Der Apostel Petrus teilt uns mit, für Nachfolger Jesu Christi bestehen wunderbare Verheißungen:

„**Alles, was zum Leben und zur Frömmigkeit** (zum göttlichen Wandel) **dient, hat uns seine göttliche Kraft geschenkt durch die Erkenntnis dessen, der uns berufen hat durch seine Herrlichkeit und Kraft. Durch sie sind uns die teuren und allergrößten Verheißungen geschenkt, damit ihr dadurch Anteil bekommt an der göttlichen Natur, die ihr entronnen seid der verderblichen Begierde in der Welt.**" (2. Petrus 1:3+4; LU)

Mit Jesus Christus haben wir alles geschenkt bekommen, was wir zum Leben und göttlichen Wandel benötigen. Ja, du hast richtig gelesen: Wir haben bereits alles geschenkt bekommen! Wir sind unendlich reich. Um unseren Lebensunterhalt müssen wir nicht mehr fragend bitten; denn wer so bittet, glaubt nicht, dass er bereits bekommen hat.

Unser Erbe ist im Himmel (vgl. Epheser 1:3). Dort liegen Gottes Geschenke und warten darauf, abgeholt zu werden. Wir sind überreich gesegnet. In Christus Jesus gehört Gottes Eigentum uns. In ihm hat uns der Vater zu Mitbesitzern des Himmels gemacht. Ganz selbstverständlich können wir von den Geschenken nehmen.

Allerdings müssen wir noch herausfinden, welche Gesetzmäßigkeiten des Glaubens wir zusätzlich zum Zehntengeben zu beachten haben, um unsere Geschenke auf die Erde herabholen zu können. Petrus schreibt, dass wir danach trachten sollen, Jesus Christus kennen zu lernen. All das, was zum Leben und göttlichen Wandel dient, wird uns durch die Erkenntnis Christi zuteil.

Wir lernen Jesus kennen, wenn wir sein Wort lesen, es studieren, darüber nachdenken und der Predigt des Wortes zuhören. Der Glaube kommt aus der Verkündigung (vgl. Römer 10:17). Die Predigt bewirkt, dass wir nach Gottes Wort handeln können.

Wir gelangen an das Unsere, wenn wir Jesus kennen lernen und uns durch Glauben entsprechend unserer Erkenntnis Christi verhalten. Jesus Christus erkennen ist ewiges Leben (vgl. Johannes 17:3). Wer ihn kennen lernen will, trachtet nach dem Reich Gottes und dessen Gerechtigkeit. Die Erkenntnis Christi vermittelt ihm den benötigten Glauben, durch den ihm alles andere zuteil werden wird (vgl. Matthäus 6:33). Der Herr sagt: „Wenn ihr in mir bleibt und meine Worte in euch bleiben, werdet ihr bitten, was ihr wollt, und es wird euch widerfahren." (Johannes 15:7; LU)

Im Kennenlernen Jesu liegt die Glaubenskraft, unsere himmlischen Güter ergreifen zu können. Die Erkenntnis Christi befähigt uns, den Himmel mit der Erde zu verbinden (vgl. Epheser 1:10).

6.6. Gottes Ordnungen beachten

Eine wesentliche Ordnung Gottes besteht darin, dass du als Zeichen deiner Bündnistreue den Zehnten aus Glauben in deine Gemeinde gibst. Aber es gibt auch noch andere zu beachtende Ordnungen. Du kannst dir nicht einfach ein Prinzip herauspicken und dieses befolgen, weil es dir gefällt und zudem eine große Zusage trägt. Letztlich wachsen wir dahin, uns in allen göttlichen Weisungen zu bewegen und keine zu vernachlässigen. Wenn wir nach Gottes Anweisungen leben, erfahren wir den geöffneten Himmel.

Selbstverständlich ist Gott größer als seine Ordnungen und Gesetzmäßigkeiten. Im Rahmen seines Erziehungsprogramms erweist er sich als barmherzig, wenn wir anders nicht weiterkommen. Dies gilt solange, wie eine bestimmte Grenze nicht überschritten wird – in diesem Zusammenhang erinnere ich an Ananias und Saphira.

Gott will nicht, dass wir aus ungenügender Erkenntnis und mangelndem Glauben in Schwachheit sterben. Deshalb sollen wir seine Ordnungen kennen lernen und seine Wege gehen. Dann werden wir stark und bringen seine Werke durch Glauben in der Kraft des Geistes hervor.

Durch Gottes Wort bahnt der Heilige Geist seine Wege in unseren Herzen, um darauf zu gehen. Bewegt sich Gott auf diese Weise, gehen wir gleichzeitig seine Wege in der sichtbaren Welt.

Ich glaube, der geöffnete Himmel steht uns zur Verfügung, auch wenn wir nur wenig von Jesus erkannt und noch keine Offenbarung über das Geben des Zehnten erlangt haben. Gott segnet durch Gnade, selbst wenn unsere Erkenntnis Christi mangelhaft ist und noch vieles in unserem Leben durch Sünde durcheinandergeht. Gnade hilft, in den Glauben zu gelangen, durch den wir dann die weiterhin benötigte Gnade nehmen können. Die Gnade lässt Sünden, die ein Mensch begeht, erst einmal außen vor. Der Heilige Geist wird das sündhafte Verhalten ansprechen, sobald die Zeit dazu gekommen und der Mensch fähig geworden ist, diese Sünden zu erkennen und gegen sie anzugehen.

Gnade ist mehr als eine einfache Segnungsinstanz, um damit unsere Sünden immer wieder zu vergeben, nur damit wir anschließend wieder tun, was das Fleisch will. Gnade ist die Kraft, die bewirkt, dass wir nicht mehr sündigen müssen; sie hilft uns zu tun, was Gott wohlgefällt (vgl. Römer 6:14).

Die Gnade veranlasst uns, Jesus zu erkennen und in seiner Kraft Gottes Taten zu vollbringen. Sie gibt Erkenntnis Christi; Erkenntnis aber ist Stückwerk (vgl. 1. Korinther 13:12). Solltest du noch kein Verständnis über das Geben des Zehnten erhalten haben und ihn nicht geben, lebst aber in der Offenbarung des Lobpreises und der Anbetung, wirst du in deiner gelebten Erkenntnis gesegnet.

Jesus wohnt im Lobpreis seines Volkes (vgl. Psalm 22:4); und wo er wohnt, dort thront er auch. Jesu Regierungsgewalt geht von seinem Thron aus. Durch Lobpreis und Anbetung wird Jesu Herrschaft offenbar, und der Teufel kann nicht mehr mit uns machen, was er will. Segen wird freigesetzt. Nicht allein der Zehnte setzt Segen frei, sondern wir werden zum Beispiel auch im Lobpreis und in der Anbetung gesegnet.

Möchtest du Gott gefallen und viel Frucht für Jesus bringen, so begib dich auf die Suche nach den weiteren Gesetzmäßigkeiten des Glaubens. – Damit das Unsere aus dem geöffneten Himmel im Übermaß zu uns auf die Erde gelangen kann, wachsen wir dahin, die Gesamtheit der Ordnungen Gottes zu befolgen.

6.7. Motive prüfen

Lass uns auf die Reinheit unserer Motive achten. Wir dürfen nicht vergessen, unser Trachten muss zuerst auf Gottes Reich ausgerichtet sein, und alles, was wir aus dem Himmel begehren, soll mit dazu benutzt werden, sein Reich auf der Erde zu fördern. Erst mit dieser Haltung wird unsere Motivation gottgemäß. Dann können wir durch Glauben aus dem Himmel nehmen. Zu unseren himmlischen Schätzen wird uns obendrein das Irdische gegeben werden, wonach die Menschen ohne Gott trachten (vgl. Matthäus 6:32+33).

Beim Zehntengeben und Opfern geht es nicht vorrangig darum, an Geld zu gelangen. Vielmehr geht es um unsere Bundesbeziehung mit Gott. Es ist eine verkehrte Motivation, beim Geben des Zehnten nur die eigene Befriedigung im Sinn zu haben.

Gottes Ziel ist nicht zuerst deine materielle Segnung, sondern dass du dich wie ein Kind vom Vater abhängig machst und in Gemeinschaft mit ihm lebst.

Gott macht dich nicht einfach reich, ohne deinen Charakter zu verändern. Wie kann Gott dich im Überfluss segnen, wenn du zwar deinen Zehnten gibst, aber einen Menschen hasst oder ihm nicht vergibst?

7

Zehnter und Opfer

Jede Glaubenstat setzt einen Segen frei, welcher das Reich Gottes und die Gerechtigkeit Christi manifestiert. Der Herr zeigt uns in der Bergpredigt den erforderlichen Weg, um weiteren Segen freizusetzen:

„Gebt, so wird euch gegeben. Ein volles, gedrücktes, gerütteltes und überfließendes Maß wird man in euren Schoß geben; denn eben mit dem Maß, mit dem ihr messt, wird man euch wieder messen." (Lukas 6:38; LU)

Wir werden überreich gesegnet, wenn wir geben! Und zwar mit mehr von dem, was wir zuvor gegeben haben. Allerdings müssen wir unbedingt daran denken, das Zehntengeben ist kein Geben im eigentlichen Sinne. Der Zehnte gehört Gott. Wollen wir aber geben, um mehr zu erhalten, müssen wir opfern. Opfern beginnt erst, nachdem wir den Zehnten entrichtet haben. Für jene, die noch keine Offenbarung über das Geben des Zehnten besitzen, spielen diese Zusammenhänge keine große Rolle. Sie erhalten die Versorgung zu ihrem Wohlergehen aus Gnade – wie Kinder, die von ihren Eltern versorgt werden, auch wenn sie noch nicht alles richtig gemacht haben.

Der Zehnte symbolisiert unser ganzes Leben. Wenn wir ihn zahlen, haben wir Gott noch nichts gegeben – nicht einmal einen Cent! Der Zehnte gehört dem Herrn, weil unser ganzes Leben ihm gehört. Wer den Zehnten nicht gibt, enthält Gott sein eigenes Leben vor – er stiehlt sich aus Gottes Hand.

Der Glaubensweg

Der Heilige Geist zeigt uns einen bestimmten Weg, damit wir an unseren im Himmel aufbewahrten Segen gelangen:

Der erste Glaubensschritt ist das Zahlen des Zehnten.

Der zweite Schritt setzt unseren himmlischen Segen frei – und zwar im Übermaß. Diese Glaubenstat heißt: Geben.

Nach dem Zahlen des Zehnten müssen wir aus Glauben Opfergaben geben, um an überfließenden Segen zu gelangen. Diese geben wir von den verbliebenen neunzig Prozent, die Gott uns zur freien Verfügung überlassen hat. In dem Maß, wie wir von diesen freiwillig und mit Freuden geben, wird uns aus dem Himmel durch die geöffneten Fenster im Übermaß wiedergegeben werden. Wir bekommen von unserem Opfer „ein volles, gedrücktes, gerütteltes und überfließendes Maß".

Worin betrogen die Israeliten den Herrn? – „**Mit dem Zehnten und der Opfergabe!**" (vgl. Maleachi 3:8)

Zur Zeit Maleachis gaben die Israeliten keinen Zehnten mehr. Sie trennten sich von Gottes Bund, den dieser mit ihrem Vater Abraham gemacht hatte. Auch hörten sie auf, Opfergaben zu geben. Sie wollten alles behalten, um über die Runden zu kommen. Ihre Einstellung hatte sich verändert und sie dachten: Wenn wir geben, haben wir weniger. Sie ließen Gottes Wort außer Acht; es wurde nicht mehr in der Weise gelehrt, wie es in den Büchern Mose geschrieben steht. Deshalb konnten sie auch nicht mehr an Gottes Versorgung glauben. Als Resultat ihres egozentrischen Lebensstils mussten sie schlechte Zeiten durchgehen, denn nur wer gibt, dem wird gegeben werden. Der Himmel war ihnen verschlossen. Nur wenig Segen gelangte noch zu ihnen.

Der Herr wollte die Israeliten segnen. Er konnte dies jedoch solange nicht, wie das Volk von seinen Gesetzen und Ordnungen abwich und nicht tat, was ihm Wohlergehen bringen sollte. Sein eigener Weg führte es in Armut und Schwäche. Deshalb ließ der Allmächtige ihm durch Maleachi verkündigen, was es zu tun hätte, damit Gottes Segen wieder fließen könne. Der Prophet redete nicht um den „heißen Brei" herum; er ging den „wunden Punkt" direkt an. Er sprach zu dem Volk, es müsste wieder den Zehnten geben, damit Gott des Himmels Fenster erneut öffnen könne. Und er ermunterte die Israeliten, zusätzlich zum Zehnten auch noch Opfergaben zu geben, damit Segen im Übermaß auf sie geschüttet werden könne (vgl. Maleachi 3:10).

Der Zehnte ist festgesetzt; es ist der zehnte Teil unserer Bruttoeinkünfte. Die Höhe des Opfers müssen wir selbst bestimmen. Das Maß unseres Opfers bestimmt den Umfang der freigesetzten Zusagen Gottes, die uns aus dem geöffneten Himmelsfenster zuteil werden. Geben wir kein Opfer, wird uns kein Segen zuteil. Es fehlt das Maß, an welchem Gott uns Segen zumessen kann (vgl. Lukas 6:38).

Wer nicht opfert, aber aus Glauben den Zehnten gibt, erhält sich zwar den offenen Himmel zugänglich, aber empfängt nicht unbedingt weiteren Segen. Er verpasst die einfache Möglichkeit, zusätzliche Einkünfte zu erhalten. Die Worte des Allerhöchsten: „Der Segen des Herrn macht reich ohne Mühe" (Sprüche 10:22; LU) und „Seinen Freunden gibt er es im Schlaf" (Psalm 127:2; LU), bleiben für ihn unerfüllt. Denn Gottes Freunde tun, was Gott sagt; deshalb werden sie reich ohne Mühe. Die von Gott Geliebten brauchen ihren Schlaf nicht zu opfern. Das von ihnen gegebene Opfer segnet sie, auch wenn sie schlafen. Es gilt das Prinzip von Saat und Ernte.

Wer glaubt, gibt den Zehnten und seinem Glauben entsprechend auch Opfer. In bezug zu seiner Gabe wird er dann aus dem geöffneten Himmel alles zum Leben und göttlichen Wandel Dienende nehmen können. Diese Wahrheit steht aber nicht für sich allein; sie ist in alle anderen Wahrheiten der Schrift eingewoben. Wir müssen den anderen auffordernden Worten Gottes entsprechend handeln, um an den uns gegebenen Segen in der Himmelswelt zu gelangen. Allerdings spielt die aus Glauben geborene Opferbereitschaft nicht nur in bezug zum Geld eine große Rolle. Alles bringt Frucht nach seiner Art. Wer Liebe gibt, erhält mehr Liebe. Wer Zeit gibt, bekommt zusätzliche Zeit. Wer für andere betet, für den wird mehr gebetet werden. Wer Geld gibt, erhält mehr Geld. Wir werden ernten, was wir gesät haben.

Die Gesetzmäßigkeit von Saat und Ernte ist wie das Gesetz des Glaubens nicht erst durch Mose gegeben worden. Das Gesetz von Saat und Ernte ist älter. Nach der Sintflut entstanden die Jahreszeiten, und Gott erklärte, von nun an würde das Gesetz von Saat und Ernte nicht aufhören. Der Mensch kommt nicht allein durch seine körperliche Arbeit zu Erträgen, sondern auch, indem er sich Saat und Ernte zu Nutzen macht. Diese Ordnung findet ebenso Anwendung, wenn wir im Glauben Opfer geben.

Aus Glauben geben

Wer glaubt, der nimmt nicht nur aus Glauben, sondern er gibt auch aus Glauben!

Die Heilige Schrift betont das Geben besonders:

„Geben ist seliger als nehmen." (Apostelgeschichte 20:35; LU)

Im Grunde fragt Jesus: „Welches Maß soll ich für dich verwenden?", und erläutert dazu, „Gib, dann wird dir gegeben werden. Ein volles, gedrücktes, gerütteltes und überfließendes Maß wird man in deinen Schoß geben; denn mit dem Maß, mit dem du misst, wird man dir wieder messen. Dein Maß wird von dir selbst festgelegt, nicht von mir. Ich werde dich entsprechend deiner Gabe im Übermaß segnen."

Wenn wir nicht vergessen, auch aus Glauben zu opfern, wird der offene Himmel für uns zur erlebten Realität. Dann gelangt unser Erbe im Übermaß zu uns. Unser Opfer ist die Saat. Jesus sagt, „dreißig-, sechzig- oder hundertfältig" (vgl. Matthäus 13:8) werden wir zurückerhalten.

Wenn wir durch Geben des Zehnten in den von Jesus geöffneten „Versorgungshimmel" kommen, können wir durch Opfer und Gebet von dem nehmen, was Jesus dort für uns bereit hält. Der durch den Zehnten geöffnete Zugang in den Himmel ist der Haupteingang. Solange wir jedoch keine Erkenntnis über das Zehntengeben haben, sind für unsere Versorgung und somit für alles Notwendige andere Zugangswege in den Himmel offen. Gott versorgt uns, so wie Eltern ihre Kinder versorgen. Diese Zugangswege schließen sich allerdings mehr oder weniger, wenn wir über das Geben des Zehnten Einsicht erlangt haben, ihn aber nicht geben.

Der Herr möchte, dass wir es lernen, aus Glauben nach seinen Ordnungen zu leben; denn Gottes Wort sagt: „Der Gerechte lebt aus Glauben." (vgl. Römer 1:17) Nur aus der Erkenntnis Jesu genährter Glaube wird uns begeistern, richtig zu handeln. Allein im festen Glauben können wir entsprechend der Erkenntnis Christi wirken und aufgrund unserer Tat Lohn empfangen (vgl. Hebräer 11:6).

In die Tiefen des Wortes

Am Anfang seiner Nachfolge Jesu ist der Lebensstil des Glaubenden noch ziemlich chaotisch. Sein Sinn ist noch nicht entsprechend seiner neuen Natur erneuert, deswegen lebt er nicht in der Ordnung der Wahrheit und kann nicht wie ein reifer Christ glauben. Trotzdem erfährt er Gottes Segen, wie ein Kind die Versorgung durch die Eltern. Mit der Zeit tritt er dann aufgrund seiner kontinuierlichen Beschäftigung mit der Heiligen Schrift mehr und mehr in Gottes Ordnungen ein. Er beginnt, auf Erden die Wege zu gehen, die ihm der Höchste durch sein Wort zuvor ins Herz gebaut hat und selbst begeht.

Eines Tages wird der Nachfolger Jesu auch die zentralen Wahrheiten des Gebens, wie das „Zehntengeben" und „Opfern", verstehen und im Glauben entsprechend handeln. So wird er gesegnet werden und tiefer in die Wahrheit hineinblicken. Worte Jesu, die er meinte, schon verstanden zu haben, eröffnen sich ihm in ganz neuer Weise. Auch mir ist das oft so ergangen. Ein von mir als verstanden geglaubter Vers, ist das allbekannte Wort Jesu:

„Bittet, und es wird euch gegeben werden ... Denn jeder Bittende empfängt ...“ (Matthäus 7:7+8; EB)

Ich war erstaunt, dass der griechische Urtext dieses Verses „Welten aufschließt“, die meines Wissens bisher wenig Beachtung fanden. In den meisten deutschen Bibelübersetzungen wird das sich in Matthäus 7:7 befindliche griechische Verb „aiteo“ mit „bitten“ wiedergegeben. Dies kann aber ebenso mit „verlangen“ und „begehren“ übersetzt werden. Und in Vers 8 wird für das griechische Wort „lambano“ „empfangen“ verwendet, was aber auch mit „nehmen“, „entgegennehmen“, „bekommen“, „sich geben lassen“, „ergreifen“ oder mit „wegnehmen“ übersetzt werden kann.

Beachten wir die ausführlichere Bedeutung des Urtextes, werden wir durch Glauben und entsprechendes Handeln in den von Jesus geöffneten Himmel eindringen. Dann bitten wir nicht allein um die dort für uns bereit gestellten Zusagen Gottes, sondern nehmen („lambano“) im Gebet, was wir begehren und verlangen („aiteo“).

Die obige Bibelpassage kann deshalb auch wie folgt übersetzt werden:

„Begehrt, und es wird euch gegeben werden ... Denn jeder Begehrende nimmt von dem, was ihm gegeben wurde ...“

An einer anderen Stelle sagt Jesus zu seinen Jüngern:

„Alles, um was ihr auch betet und bittet, glaubt, dass ihr es empfangen habt, und es wird euch werden.“ (Markus 11:24; EB)

Durch verlangendes Gebet begehren („aiteo“) wir, was Jesus uns bereits zum Leben und göttlichen Wandel gegeben hat (vgl. 2. Petrus 1:3+4).

Verlangendes Gebet erfordert das Verständnis, dass das Begehrte uns schon gehört. Dann können wir es durch das Wort unseres Mundes nehmen und durch Sprechen von Worten des Glaubens festhalten, damit es in der sichtbaren Welt Realität werden kann.

Zunächst nehmen wir unser Erbe durch gesprochenen Glauben, dann halten wir es mit Dankbarkeit in unseren Herzen fest und warten dabei mit Ausharren auf unsere Gebetserhörung aus dem offenen Himmel. Dankbarkeit ehrt den Vater. Gedulden wir uns in dankbarer Haltung, sorgt er dafür, dass die Engel einen Weg bereiten und das im Gebet Genommene zu uns bringen (vgl. Psalm 50:23).

Durch Glauben und Ausharren erben wir Gottes Zusagen (vgl. Hebräer 6:12).

Dabei lasst uns nicht vergessen: ein Glaube ohne Werke wird den Segen Gottes nicht freisetzen. Wer das Geglaubte tut, vollendet seinen Glauben (vgl. Jakobus 2:22).

Der Gerechte lebt aus seinem Glauben (vgl. Römer 1:17). Aus diesem Grund vollendet der Gerechte seinen Glauben durch die Tat. Verbindet der Gerechte sein Tun (z.B. Zehntengeben, Opfern usw.) mit verlangendem Gebet, nimmt er das Begehrte, denn es steht geschrieben:

„Was die Gerechten begehren, wird ihnen gegeben."

(Sprüche 10:24; LU)

Geben wir Zehnte und Opfer, handeln wir gerecht. Dann können wir als Gerechte begehren, was wir nach dem Willen Gottes wollen, und es wird uns gegeben werden.

8

Erfahrungen mit dem Zehnten

Heute gebe ich den Zehnten nicht mehr, um von Jesus Christus gesegnet zu werden. Ich gebe ihn, weil ich der Gesegnete des Herrn bin; ich bin in Christus mit allem gesegnet, was zum Leben und göttlichen Wandel dient (vgl. 2. Petrus 1:3). Als ich mit dem Geben des Zehnten begann, gab ich ihn, um von Jesus gesegnet zu werden; und ich wurde gesegnet. Zwischenzeitlich durfte ich erkennen, dass ich in Christus bereits gesegnet bin. Ihm, der mir sein Leben gegeben hat, will ich meines nicht vorenthalten. Also gebe ich ihm den Zehnten von ganzem Herzen und bin gesegnet!

Gott versorgt seine Kinder

Als ich Anfang zwanzig war, wurde mir klar, ich muss unbedingt den Sinn des Lebens finden, um nicht am Eigentlichen vorbeizuleben. Also machte ich mich auf die Suche. Eines Tages sah ich in einer Vision Jesus am Kreuz. Er lebte noch, war allerdings voller Qual. So schaute er in meine Augen; und was ich sah, war Liebe. Seine Augen sprachen zu mir: „Ich gebe mein Leben für dich, damit du nicht zur Hölle fahren musst. Glaube an mich, dann wirst du leben und in den Himmel kommen, ohne etwas dafür tun zu müssen oder dafür zu bezahlen. Ich liebe Dich! Ich vergebe dir deine Sünden."

Als ich Jesus so sah, wusste ich sofort, er ist der Sinn des Lebens und die Lösung all meiner Probleme. Deshalb sagte ich einige Zeit später ja zu ihm und zu dem, was er für mich getan hat. Ich nahm ihn in mein Leben auf und gab ihm meins; so wurde ich von Gott geboren. Seither bin ich ein Kind Gottes und göttlichen Geschlechts. Gott wurde mein Vater, Jesus mein Bruder. Mein Leben liegt nun in Gottes Hand; es gehört Jesus. Später wurde mir bewusst: gehört mein Leben dem Herrn, wird er auch für mich sorgen.

Dabei war mir klar: dies bedeutete keineswegs, meinen Lebensunterhalt nicht länger durch Arbeit verdienen zu müssen. Faulheit ist nicht in Gottes Sinn. „Wer nicht arbeiten will, der soll auch nicht essen." (vgl. 2. Thessalonicher 3:10)

Gottes Kinder werden vom himmlischen Vater nicht im Stich gelassen. Sie erhalten von ihm alles Notwendige. Nach ihrer Begabung beschafft Gott ihnen die Arbeit, welche ihre Versorgung sichert. Gott will seine Kinder zu dem Ort führen, an dem sie seinen Willen vollbringen können und er sie segnen kann.

So habe ich weiterhin gearbeitet, und Gott hat mich nicht im Stich gelassen. Ein normaler Vater versorgt seine Kinder. Gott ist unser Vater und steht zu uns. Deswegen sagt Gottes Wort, dass wir alle unsere Sorgen auf den Vater werfen sollen, damit er für uns sorgen kann (vgl. 1. Petrus 5:7).

Die richtige Haltung

Ein paar Jahre später gab mir der Heilige Geist erste Einblicke in die Wahrheit des Zehntengebens. Anfangs verstand ich nur, Gott würde mich segnen, wenn ich ihm den Zehnten gäbe – was ich dann mit Freuden tat. Später sprach er mit mir über seinen Bund und seine immerwährende Versorgung. Ich sollte den Zehnten nicht aus einer gesetzlichen Haltung heraus geben, sondern aus Glauben.

Gottes Geist machte mir bewusst, die Zeit des Gesetzes sei mit Christus zu Ende gegangen, auch in bezug zum Geben des Zehnten. Ich sollte den Zehnten aus Glauben geben, wie Abraham es Melchisedek gegenüber tat, allein aufgrund des Bundes, den Gott mit mir in Jesus Christus geschlossen hat. Diesen Bund hätte ich meinerseits zwar schon durch mein Zehntengeben erfüllt, jedoch mit einer verkehrten Einstellung. Nun sollte ich diesen Bund durch meine Glaubenshandlung geltend machen. Auch sagte er mir, durch Jesus sei ich sein gesegnetes Kind. In der himmlischen Welt habe er für mich alles bereitgestellt, was ich benötigen würde. Er sei mein Versorger und wolle mich künftig nicht nur hinreichend segnen, sondern mir mehr als genug zukommen lassen.

Mit dieser tieferen Offenbarung kam erneut große Freude zu mir. Nun wollte ich den Zehnten nicht mehr geben, um von Gott etwas zu bekommen, sondern ganz einfach meine Bündniszusage aus Glauben erfüllen. Die Freude, den Zehnten in dieser Glaubenshaltung zu geben, ist nicht vergangen. Deshalb habe ich mein Vorgehen auch nie bereut. – Wer den Zehnten gibt, bestätigt: Der Herr ist mein Versorger! Oftmals sah es erst so aus, als kümmere er sich nicht um mich und als sei sein Wort nicht wahr. Doch stets sorgte er rechtzeitig dafür, dass meine Familie und ich das Notwendige erhielten.

Mehr und mehr wuchs in mir die Erkenntnis über das Geben des Zehnten. Heute gebe ich den Zehnten, weil ich die Zusammenhänge von Nehmen und Geben tiefgehender verstanden habe. Deutlicher als je zuvor sehe ich, Jesus gab mir sein Leben und ich brauche ihn, um wirklich leben zu können. Es ist mir sehr wichtig geworden, mein Leben in seiner Hand zu wissen. Dies ist auch der Grund, weshalb ich gerne den Zehnten gebe.

Die Prüfung

Bereits meine anfängliche Erkenntnis über das Geben des Zehnten erfüllte mich derart mit Freude, dass ich ohne zu Zögern damit begann. Allerdings hatte ich etwas anderes erwartet. Es vergingen etliche Tage ohne erkennbaren Segen. Mein Portemonnaie war leer. Stattdessen musste mein Auto repariert werden. Und weil von Gott das notwendige Geld nicht kam, musste ich es mir anderweitig beschaffen.

Anstelle von Gott finanziell gesegnet zu werden, verlor ich Geld; das irritierte mich sehr. Jedoch ließ ich mich nicht davon abbringen, weiterhin den Zehnten zu geben. Und das war genau richtig. Gott prüft unseren Glauben. In negativen Umständen müssen wir an Gottes Wort festhalten. Nachdem ich mit der Hilfe des Heiligen Geistes die Glaubensprüfung bestanden hatte, schenkte mir mein irdischer Vater ein besseres Auto.

Ich befand mich in der Schule des Glaubens. Über die Jahre wurde die Echtheit meines Glaubens immer wieder getestet. So lernte ich den Weg kennen, auf dem Gott die Glaubenden führt. Ziemlich schnell wurde mir klar, Gottes Segen kommt nicht jedes Mal sofort zu demjenigen, der aus Glauben handelt. Immer wieder musste ich in unglücklichen Umständen meinen Glauben beweisen, und dies auch in bezug zum Geben des Zehnten und Opfern. Erst nachdem ich durch finanzielle Schwierigkeiten gegangen war und trotzdem weiterhin den Zehnten gegeben hatte und mit dem Geringen treu umgegangen war, wurde ich mit mehr Geld gesegnet, als ich zuvor gegeben hatte.

Heute gebe ich den Zehnten als Bundeszeichen. Ich weiß mich Gott zugehörig und in ihm bereits mit allem gesegnet, was ich zum Leben und göttlichen Wandel benötige. Mit dem Geben des Zehnten bekunde ich vor der sichtbaren und unsichtbaren Welt, ich gehöre Jesus Christus und meine Versorgung kommt vom Höchsten. Mit dem Zehnten zeige ich, dass ich auf Gottes Finanzen angewiesen bin und nicht auf die des Mammons. Dabei ist mir bewusst, Gott benötigt den Zehnten nicht. Ihm gehört alles; so auch Gold und Silber (vgl. Haggai 2:8). Daher gebe ich den Zehnten nicht zu Gottes, sondern zu meinen Gunsten.

9

A und O

„Ich bin das A und das O, der Anfang und das Ende."

(Offenbarung 21:6; LU)

Jesus Christus ist der Anfang von allem, und er ist auch das Ende. Ist das Ende gekommen, befindet sich in Jesus ein neuer Anfang. Er ist das immerwährende Leben.

Bei Jesus gibt es stets ein „Happyend", weil dieses Ende einen Neuanfang beinhaltet. In Christus können wir neu beginnen, wenn wir am Ende sind.

Mit Noah, Gottes Zehntem, ging ein Zeitalter zu Ende, begann aber auch eine neue Epoche. Gott veränderte die Erde unter den Wassern, auf denen die Arche mit Noah, dessen Familie und den Tieren schwamm. Die Geretteten betraten die neue Erde, nachdem die Wasser in die Senken und Tiefen abgeflossen waren. Keiner außer der Familie Noahs konnte diese neue Welt erreichen. Nur der „Zehnte" kommt vom Ende zu einem neuen Anfang – aus der alten in die neue Welt. Der Zehnte, Noah, wurde in der Arche, welche auch ein Bild für die Gemeinde Jesu Christi ist, aus dem „Alten" in das „Neue" transportiert. So waren Noah und seine Familie nicht nur Überlebende der alten Welt, sondern auch Begründer einer neuen Gesellschaft.

Der zehnte Nachkomme Noahs war Abraham. Auch mit ihm wurde eine Zeitperiode zum Abschluss gebracht und eine neue gestartet. Auf Gottes Geheiß sollte Abraham sein Vaterhaus und seine Heimat verlassen – aus „Altem" ausziehen und in „Neues" einziehen –, um in das verheißene Land gehen zu können. Also zog Abraham aus dem „alten Land" aus und zog in das vom Höchsten gezeigte „neue

Land" ein. Dort angekommen wurde er zum Stammvater eines neuen menschlichen Geschlechtes. Aus diesem kam der verheißene Messias hervor, der die Welt rettete und ihr Treiben beenden wird. Unter Jesu Herrschaft wird alles neu gemacht.

Der Zehnte – Ende und Anfang

Als Melchisedek Abraham mit Brot und Wein entgegenkam und ihn damit segnete, gab Abraham ihm den Zehnten von allem. Brot und Wein symbolisieren Jesus Christus, mit welchem die Welt gekreuzigt und somit beendet wurde. Aber Brot und Wein symbolisieren auch Neuanfang und Leben aus den Toten. – Jesus starb, aber er stand von den Toten auch wieder auf!

Jesus Christus ist Gottes Zehnter an Abraham und durch Abraham sein Zehnter an die Menschen. In Abraham verbanden sich der Same von Jesus als Menschensohn und der geistliche Same der Verheißung.

Melchisedek bekundete Abraham prophetisch durch Brot und Wein, dass Gott sich ihm und auch allen anderen Menschen durch seinen Sohn geben würde. Am Kreuz identifizierte sich Jesus mit uns Sündern und starb stellvertretend unseren Tod. Jesu Ende am Kreuz war unser Ende. Allen, die an seinen Namen glauben und sich im Glauben mit ihm für gestorben betrachten, hat er mit seiner Auferstehung von den Toten einen neuen Anfang gegeben.

Gott gab uns durch Abraham seinen Zehnten – Jesus Christus, der das Ende und der Anfang ist – und sagt: „Ich gebe mich euch durch meinen Sohn, mit meinem ganzen Besitz. Ich gehöre euch. Damit ihr mich aufnehmen könnt, beende ich euer altes, fleischliches Leben und mache euch neu. Wenn ihr an meinen Sohn glaubt und an sein Werk für euch, seid ihr mit ihm gestorben und von den Toten auferstanden."

Abraham gab Melchisedek den Zehnten, weil er an Brot und Wein erkannte, dass der Höchste ihm seinen Zehnten – Jesus Christus – geben würde. Er gab sich dem Höchsten, wie dieser es ihm gegenüber tat. Mit der Annahme von Brot und Wein begann Abrahams neues

Leben, und mit dem Geben des Zehnten beendete er sein altes. Es kann aber auch andersherum gesagt werden: Abraham beendete sein altes Leben mit der Annahme von Brot und Wein und begann ein neues mit dem Geben des Zehnten.

Geben und Nehmen gehören zusammen. Wer gibt, der muss auch nehmen, und wer nimmt, der muss auch geben. Man gibt das Alte weg und nimmt das Neue an. Am Kreuz gab Jesus uns sein Leben und bekam dafür unser sündiges Leben. Er starb, damit wir Leben hätten. Nun geben wir ihm unsere alte Natur und empfangen von ihm sein Leben. – Wir nehmen Brot und Wein an und geben ihm den Zehnten.

Abraham gab nicht nur den Zehnten, sondern er war auch selbst ein Zehnter – der Zehnte Noahs, der wiederum Gottes Zehnter war. Damit wurde Abraham zum prophetischen Bild dessen, was wir aus Glauben an Jesus Christus sind: Gottes Eigentum.

Wer Jesus Christus (Brot und Wein) in sein Leben aufnimmt, wird wie Abraham zum Erben Gottes. Mit dem Geben des Zehnten macht er sich zum Eigentum des Höchsten.

Wer Jesus annimmt, ist mit sich selbst zum Ende gekommen. Als Gottes Eigentum kann er Gott geben, was diesem gehört – den Zehnten. In Jesus wurde er zu einem neuen Wesen. Sein altes Leben verging mit Christus am Kreuz, und ein neues begann in dessen Auferstehung. Er wurde versetzt – aus dem Reich der Finsternis in das Reich des Lichtes (vgl. Kolosser 1:13).

Mit Christus verging unser altes Leben, und mit ihm haben wir neues Leben bekommen. Ähnlich erging es auch Noah. Mit ihm endete die alte Welt, und mit ihm startete die neue. Und mit Abraham, Noahs Zehntem, ging Noahs Zeitalter zu Ende und Neues begann. Mit Abrahams Nachfahre, Jesus Christus, kam das Reich Gottes hervor.

Mit Jesus ging das Reich der Finsternis zu Ende, und das Zeitalter des Lichtes begann. Gott-Vater sprach: „Es werde Licht!" (vgl. 1. Mose 1:3), und es wurde Licht. Das wahre Licht ist Jesus Christus; er ist das Licht der Welt (vgl. Johannes 8:12). Das Licht kam in die Finsternis, und die Finsternis hat es nicht ergriffen (vgl. Johannes 1:5). Alle nun, die an den Sohn Gottes glauben, wurden aus dem Reich der Finsternis befreit und in das Reich des Lichtes versetzt. Sie wurden zu Kindern Gottes, zu Kindern des Lichtes (vgl. Johannes 1:12).

Gottes Kinder gehören sich nicht mehr selbst, sie gehören Gott; ihr altes, eigenes Leben verging und Neues begann – ein Leben, das Gott gehört. Dies bezeugen sie durch die Entgegennahme von Brot und Wein und durch das Geben des Zehntens all ihres Einkommens.

Der Zehnte spricht, wie Brot und Wein, vom vollkommenen Abschluss des alten Lebens, vom Verlassen der Welt der Finsternis und vom völligen Neubeginn im Königreich Jesu Christi. Mit dem Nehmen von Brot und Wein und dem Geben des Zehnten bekunden wir: das Alte ist vorbei und das Neue hat begonnen. – Paulus schreibt:

„Ich bin mit Christus gekreuzigt." (Galater 2:19; LU)

Am Kreuz wurde unser altes Leben vollkommenen abgeschlossen. Es starb dort mit Christus und ist seither tot. So wie Paulus müssen nun auch wir uns mit dem Tod Jesu identifizieren und glauben, dass unser altes Leben am Kreuz zum Ende gekommen ist. Jesus sagt:

„Wer mir folgen will, der verleugne sich selbst und nehme sein Kreuz auf sich täglich und folge mir nach." (Lukas 9:23; LU)

Erst wenn wir erfüllen, was Jesus über die Annahme des Kreuzes sagt, wird für uns die Kraft der Auferstehung wirksam. Wer sich selbst verleugnet und mit Christus für gestorben erachtet, wird in ihm, in seinem neuen Leben, erscheinen können. Weiter schreibt Paulus:

„Ich lebe, doch nun nicht ich, sondern Christus lebt in mir."
(Galater 2:20; LU)

Nachdem der Apostel proklamiert hatte, er sei mit Christus gestorben, sagte er, dass er lebe; doch nicht länger er selbst, sondern Christus in ihm. Jesus lebte Paulus und dieser nicht mehr sich selbst. Deshalb konnte er tun und sagen, was Jesus macht und spricht. Christus wurde zu seinem neuen Leben.

Wenn du wie Paulus dein eigenes Leben mit Christus für gestorben betrachtest, darfst auch du bekennen, dass Jesus zu deinem Leben geworden ist. Das Alte ist vergangen und Neues geworden. Das bezeugst du mit dem Zehnten. Christus gab sich dir als Zehnter (Brot und Wein), und du gibst ihm den Zehnten von allem und damit dich ganz selbst. – An die Korinther schreibt Paulus:

„Ist jemand in Christus, so ist er eine neue Kreatur; das Alte ist vergangen, siehe, Neues ist geworden." (2. Korinther 5:17; LU)

Wenn Jesus Christus zu deinem Leben geworden ist und du ihm gehörst, darf es für dich überhaupt kein Problem sein, dies durch das Geben des Zehnten zu demonstrieren. Denn wer den Zehnten gibt, bekennt, dass er sich nicht mehr selbst gehört, sondern dem, dem er den Zehnten gibt. Zudem bezeugt er mit dem Zehnten, dass er sich nicht mehr selbst versorgen will. Und weil er weiß, er gehört sich nun nicht mehr selbst, will er alles tun, was Gottes Wort ihm sagt, um diese Versorgung nicht zu blockieren.

Lasst uns Gottes Zehnten – Jesus Christus – annehmen und ihm aus Glauben den Zehnten all unserer Einkünfte geben, damit jeder von uns proklamieren kann: Jesus Christus ist mein Versorger!

Jesus Christus ist das A und das O unseres Lebens. Am Kreuz endete mit ihm unser altes Leben und in seiner Auferstehung begann ein neues.

„Denn ihr seid gestorben, und euer Leben ist verborgen mit Christus in Gott. Wenn aber Christus, euer Leben, sich offenbaren wird, dann werdet ihr auch offenbar werden mit ihm in Herrlichkeit." (Kolosser 3:3+4; LU)

Das Geheimnis des Zehnten ist: Christus in uns und wir in ihm. Wird er durch uns offenbar, werden wir mit ihm in Herrlichkeit erscheinen.

Bernhard Koch ist Pastor und Gründer der JESUS!Gemeinde Rinteln, einer freien Gemeinde mit charismatischer Ausprägung. Folgende Bücher von ihm sind erschienen:

Stärker als Dämonen – Aus dem Leben Hilarions von Gaza

Der uralte Gebetskämpfer

Sprachengebet – laut und durcheinander

Fürchtet den Teufel nicht!

Glaubensstarke, Apostolische Gemeinde

Apostelfeuer

Brüllen wie ein Löwe

Wahre Demut

Tore der Gerechtigkeit

Licht des Lebens

ReformaZion Media
Braasstraße 30, 31737 Rinteln

Fon 05751 / 9717 0   Info@ReformaZion.de
Fax 05751 / 9717 17   www.ReformaZion.de